Michel Serres · Ablösung

MICHEL SERRES

Ablösung

Eine Lehrfabel

BOER

Titel der Originalausgabe:
Michel Serres, *Détachement*
Copyright 1983 by Flammarion, Paris
Aus dem Französischen übersetzt von
Klaus Boer

Satz und Druck: Boer Verlagsservice, Grafrath
ISBN 978-3-924963-04-0
www.boerverlag.de

INHALT

BAUER

CHINA – SCHWEMMLAND

Ich bedauere, daß du nicht kommen konntest. Wie gerne hätte ich mit dir diese Reisfelder geschaut, wäre mit dir die Weizen-, Flachs- und Sojafelder entlanggewandert. Voller Staunen hättest du diese Maulbeerbaumstämme betastet, vor dem Wasser wärst du niedergekniet, gelächelt hättest du bei Schilf und Bambus, zufrieden wärst du gewesen, wenn du gesehen hättest, wie auf der anderen Seite der Welt das Land bestellt wird. Warum mußte das sein: du, tot bereits seit fünfzehn Jahren? Schon in Mali hatte ich dir nachgetrauert, an den Ufern den Schwarzen Flusses, dort, wo groß gewachsene schwarze Frauen Tomaten wässern aus Kalebassen, während Flußschiffer in ihren Pirogen dahingleiten – Flußbauern wie wir an den Ufern der Garonne, wie unsere Familie, seit undenkbaren Zeiten.

Hierhin aber, nach China, hätte man Augustin mitnehmen sollen, ihn, den Schleusenwärter des Kanals, deinen Vater, meinen Großvater. Schon bei meinem ersten Exil in Paris bedauerte ich, daß er tot ist, damals, als ich Erinnerungen nachhing am Kanal Saint-Martin beim trauten Fachsimpeln mit einheimischen Schleusenwärtern. Sie lebten auf offener Straße, unter eleganten Brücken, keine zwei Schritte vom nächsten Bistro. Wie hätte er sich gefreut ob der Bewässerungsgräben und Transportkähne, und auch über das langsam-behäbige Fließen des lehmigen Wassers. Er hätte seine heitere Ruhe gefunden, so wie du deinen Sinn für Arbeit. Wir drei, wir hätten sie verstanden, diese Mischung aus Wasser und Schwemmland. Hat sie uns doch gleichfalls geformt – auch uns. Menschen der Ebene und Überflutung, Menschen der Dämme und Kähne, Menschen der Wehre und Schlämme, Bauern der feuchten Niederungen – wie unsere Familie seit so langer Zeit. Wir drei, wir hätten uns einen

Weg erschlossen zum Ende dieser Zeiten, von wo sie kommen und wohin wir gehen.

Mein Vater, komm noch einmal mit mir, der Erde zuliebe. Komm auch du, mein Großvater, um der Gewässer willen. Kehrt zurück, ihr zwei, um des Schlicks und des Schlammes willen, um zu bezeugen, daß ich wahr spreche.

*

Alles wird konsumiert.

Alles wird in Besitz genommen, erschlossen, angefüllt – bis zur Mündung, bis ans Ufer, bis zum Feldrand. Alle Zwischenräume, jede Stelle, jedes Fleckchen ist voll, angefüllt mit Weizen, Reis, Soja, Maulbeerbäumen und Flachs, so weit wie das Flachland selbst. Hier vom Reichtum der Erde zu sprechen, wäre sinnlos; sie ist verdichtet, gesättigt, vollgestopft, erstickt am Übermaß – wie ich. Klaustrophobie, die von außen nach mir greift.

Weizen, Reis oder Soja allein sind schon üppig vorhanden. Niemand vergeudet seinen Raum und seine Zeit, um Dinge anzubauen, die nicht die Bäuche der hungrigen Mäuler stopfen. Hier gibt es nur das Notwendigste, keinen Luxus. Selbst Früchte wären unnötiger Aufwand, zusätzliche Kosten. Hier wird mir klar: Früchte sind eine Sünde des Fleisches, der Sündenfall ist Mangel, Frucht, Fruchtgenuß. Reis und Weizen, die gibt es, nur das, sie verbieten den Rest. Ginge ein Bauerngott übers Land, er würde gewiß alle Apfelbäume ausreißen. Sie kosten Platz, machen Arbeit für nichts als nur ein bißchen süßen Most, der nie die leeren Bäuche füllt. Erlaubt ist nur, was es im Überfluß gibt: Reis und Weizen.

Nur dem Wasser wird Raum gegeben, Wasser, das den Anbauboden der Lebensmittel nährt. Es begrenzt den dicht besetzten Raum, durchzieht die dicht gedrängten Orte, hebt sich ab vom Gesättigten. Die Kanäle und Seen, sind sie etwa ungenutzte Flächen? Nein. Auch sie sind kultiviert. Wassernüsse überwuchern die trübe Oberfläche, weiße Enten ziehen darüber hinweg und nähren sich von Wasserpflanzen, ab und zu ein Mensch, der fischt.

Es fehlen die Landstraßen. Doch wozu Straßen, die nur Platz beanspruchen? Überall Häuser ohne Durchgänge, der Bauer verliert sich in der Dichte. Niemals wird er uns wiedertreffen, niemals werden wir ihm wiederbegegnen: er ist inbegriffen, ist verzahnt in dieser dicht wuchernden Agrikultur, deren Ausgänge wie zugeschnürt sind: schmal, nicht breiter als ein Fuß. Kolonnen von Trägern ziehen vorüber, das Joch auf dem Rücken oder Lasten von solcher Masse und solchem Ausmaß, daß sie die Leiber vergessen lassen. Nichts außer dem Notwendigsten, in ausreichender Menge, kommt auf den Weg. Man muß wissen, wohin mit den Füßen: einen genau vor den anderen, hierhin und dorthin, denn den ganzen Pfad entlang, rechts und links, auf Schritt und Tritt, sprießende Pflanzen. Abgeschnitten die Straße, die sich verengt, die uns beengt. Kein Weg der Erkenntnis führt zum chinesischen Bauern. Unerkannt, verhaftet dem Schwemmland, seit Anbeginn. Ist es vorstellbar, daß fast eine ganze Milliarde Menschen von uns und allem abgeschnitten ist? Daß sie hinter Pflanzen haust, vergraben, dort, wo der Weg verschwindet?

Der Landbau gleicht hier einer Flut, einer Überschwemmung. Ich rede nicht vom Bewässern der Reisfelder, sondern von der Urbarmachung des Bodens. Die Wegränder sind bepflanzt, die Gehwege, die steilen Böschungen und Dämme, selbst noch das Unkultivierbare ist kultiviert. Der Landbau hat alles unter sich begraben, gleich einer Sturmflut.

Er ist die Totalität.

Er ist derart rational, positiv und angepaßt, daß man nur in negativen Begriffen von ihm sprechen kann. Er hat alles um sich unterdrückt, untersagt, zurückgedrängt. Sein Sieg ist vollständig und ungeteilt. Er triumphiert selbst über jene, die ihn praktizieren. Noch nie in meinem Leben hat mich eine solche Furcht vor der Vernunft befallen. Diese totale Aneignung der Erde, sie ist vernunftgemäß, diese Optimierung ist die Ordnung des Greifbaren. Selbst jene, die das Wirkliche vernünftig nannten, sind nicht so weit gekommen. Und ich, Sohn der Erde und des Wassers, hätte ich mir jemals träumen lassen, daß mich der Landbau eines Tages in Furcht versetzen könnte?

Das Positive ist so voll und kompakt, daß man es lediglich negativ beschreiben kann: weder Spielraum, noch Lücke, kein Mehr, kein Weniger; kein Verlust, kein Überschuß. Raine, Bruchwald, Abfall, Brachland, freier Raum, all das ist verschwunden. Kein Rest, keine Leere, keine Geschichte, keine Zeit.

*

Die restlose Landnahme geht aus vom Delta und den Schwemmlandebenen. Sie setzt sich fort im Bewässerungsnetz von Huangho, Yangtse und deren Nebenflüsse. Dann, in den Lösshügeln beginnt erneut die schrankenlose Landnutzung. Sie kennt kein Pardon und geht bis an die Grenze des Möglichen. Die Schwemmlandebenen hatten weder starke Erhebungen, noch tiefe Senken, gerade so viel, daß das Wasser fließen konnte. Hier hat menschliche Arbeitskraft das Relief des Bodens geformt. Die Landwirtschaft paßte sich dem Erdboden an und modellierte seine Profile. Sie ist nicht nur erdhaft im Sinne von Bodenbearbeitung, sie ist auch erdhaft im planetarischen Sinne. Das, was man bei den Menschen sonst als gegeben hinnimmt, die Landschaft, das, was man beim Bauern als gegeben ansieht, sein Land, all das ist hier konstruiert, entworfen – mehr noch, es ist erzeugt, hergestellt. Auch wir verstehen uns darauf, den Gesichtskreis umzugestalten – wir, aus Gers oder der Toskana, entwerfen eine Palette von Farbschattierungen und Höhenlinien für zukünftige Maler, die all das kopieren werden; aber nie haben wir Hügel konstruiert, Täler zergliedert, Gottvater gespielt oder gar die Tiefenschichten zu oberst gekehrt. Hier dagegen vollbrachte der Landwirt seit Jahrtausenden und von Anfang an in einem zivilen Geiste diese Arbeit, die wir stets vergeblich beginnen, sei es mit Kriegen oder Bulldozern. Er hat das Antlitz der Erde erneuert, nach dem Bildnis Huanghos, seines Gottes. Die Bodengestalt, die Höhenlinien, die Strukturkarten der Geographie sind Resultat seiner Arbeit, sind keineswegs von Anbeginn der Welt. Das Reale ist rational durch Optimierung, in seiner sichtbaren Gestalt, im verfestigten Gel seiner Transformationen.

Auch da keine Spielräume. Kein Fehl, kein Mangel, kein Mehr, kein Weniger. Ideale Aufteilung, optimales Gefälle, die Erhebungen nicht höher als notwendig. Es ist nicht allein die Ebene, das völlig Flache, was voll ist, sondern auch die faltige Hülle, der Mantel, das Raumgreifende, das erfaßt wird von jener lückenlosen Perfektion. Die Abwesenheit des Mangels ist dreidimensional: Unnütze Vertiefungen werden aufgefüllt, unnütze Erhebungen abgetragen, unnütze Flächen zurechtmodelliert. Ich wüßte nicht, was Alter bedeutete, könnte mir nichts unter dem Ende vorstellen, wenn ich nicht in dieser Umgebung gelebt hätte, die zweifellos das ist, was uns verheißen wurde, wozu wir verdammt sind. Hier ist das, was wir Geschichte nennen, seit Jahrtausenden vollbracht. Bleibt nur dies: Bestätigung der Vernunft.

*

Was ich verstehen muß, ist einfach. Wer sind wir? Was machen wir? Hier z. B., dies Gehölz aus Bäumen und Büschen, diese sumpfig-feuchte Wiese, das Dickicht am Feldrain, dies Brombeergestrüpp. Der kleine Flecken, der übrigbleibt, unbestellt das bißchen Wald, hoch oben auf dem Uferkamm, der kaum vier Reisigbündel jährlich abwirft, von wo die Pilze kommen, wenn – selten genug – Regen und Sonne maßgerecht zusammentreffen. Überschuß und Mangel, Verlust und Bestand.

Unwissend war ich bis zu dem Tag, als mich Arbeit und Zufall an das Ufer des Yangtse trieben, durch Länder aus Löss, auf die Dämme des Huangho, auf die andere Seite der Erde. Ich hatte vergessen, daß unser eigenes Wesen das der Randzone ist, unser Sein Abweichung und Spielraum. Vergessen hatte ich auch, daß unsere ganze Weisheit schlicht und einfach in diesem Buschwerk liegt, in den feuchten Niederungen, die den Schritt behindern, dem Brachland mit den sauren Weiden, dem Krüppelgehölz und öden Fluren. Wenn ich auf einem Feld atmen kann, tief und frei, so deshalb, weil es von Buschwerk umgrenzt ist, in dem die Vögel lärmen, weil es am Rand eines Waldes liegt, weil es umgrenzt ist von Wildwuchs und ungenutzten Flächen. Unser Wissen besteht aus dieser Negation, dieser Nachlässigkeit, dieser Unkultur. Wie soll man auf einem Feld atmen können, das keinen Feldrain kennt, umringt von anderen Feldern? Wie ist Bewegung möglich, bei steter Affirmation? Wenn die Erde voll und ganz in den Händen der Vernunft liegt? Wohin gehen, wenn alles ist wie hier? Warum sich niederlassen auf dem Felde des Gleichen? Was sollen Wege in einem Raum der Wiederholung? Wie weit ich auch gehe, wohin ich auch gehe: Reis, Weizen, Soja, Maulbeerbaum, dicht gereiht, millimetergenau. Der Chinese ist kein Ackerbauer, er ist Agronom oder Physiker. Er erfüllt uneingeschränkt das Gesetz von der produktiven Beziehung zur Erde.

*

Wir sind Ackerbauern, unsere Agrikultur ist unsere Kultur. Furcht befällt mich, jetzt, wo ich es weiß. Wir sind dem Gesetz verpflichtet, verdammt zur Vernunft; so neigen wir gen Osten, wo die Ländereien ohne Lücken sind. Aus Hunger und weil nichts der Vernunft zu widersprechen vermag, machen wir uns auf, als Erleuchtete, zum Ameisenhaufen der Positivitäten.

Heute, für einige Zeit noch, sind wir der Mangel, der Überschuß, die Abweichung. Dieses Gestrüpp, dieses Buschwerk, diese unbebauten Ländereien – warum ließen meine Vorfahren sie ungenutzt? Vielleicht als den Zehnten der Götter, belassen als Opfer, als heiliger Hain, verwunschene Wälder, Randzonen des Mysteriums. Oder aus Bequemlichkeit? Oder Unfähigkeit, bis zum Ende vernünftig zu bleiben? Diese Unkultur der Restbestände, ich kenne sie, lebe und arbeite in ihr: sie arbeiten in mir, ergreifen von mir Besitz. Nie beende ich etwas endgültig, lasse mich zeitweilig gehen, überlasse dem Zufall die unvollendeten Werke und glaube irrigerweise, sie könnten nur so und nicht anders leben. Meine Bücher haben Gestrüppränder und sumpfige Niederungen, unkultivierte Teile, die den Göttern überlassen bleiben, dem Zufall, dem Leben, den Gezeiten des Unwahrscheinlichen. Diese Unkultur ist meine eigene Kultur, diese Unvernunft ist meine Vernunft; der Durch-und-durch-Rationalist ist ein Barbar, ein Kadaver, ein starrer Leichnam, eine Schablone – aus meiner Sicht. Auch mein Vater gehörte wie wir alle der Erde an. Übel würden wir enden, ließen wir ab vom Wildwuchs; Narren wären wir in den Augen der Vernünftigen. O ja, ich habe in meinem rationalistischen Milieu lebende Tote gesehen! Du bist sprunghaft, sagten sie, eingeschnürt in ihren Rigorismus. Ich trage in mir Abweichung, Überschuß und Mangel. Unvernünftig erscheint mir dies: überall und immer vernünftig zu sein.

Diese Abweichung schafft die Zeit, stellt sie her. Etwas bleibt, für ein künftiges Produkt. Sicher, irgendwann muß das Gestrüpp nutzbar gemacht, der Sumpf im folgenden Jahr trockengelegt werden; wir haben Brot, auf dem Bord, Brot auf dem Brett, dem Brett, das den Tisch überragt. Mein tägliches Brot kommt aus dem Weizenfeld, doch das vom nächsten Jahr, so mein' ich stets, wird irgendwie von irgendwoher kommen; kein trocken Brot, es gibt ja Pilze aus dem dürren Wäldchen, gewachsen zwischen Steinen und Vipern. Die Vernunft ist unter meinem Pflug, das Alltägliche in meiner Arbeit, das Kommende indessen, das Vorausweisende, herrscht im Rest: Er ist mein Zufall, meine Zeit, meine Geschichte, mein Leben. Was würde ich ohne ihn machen? Ich lebte nicht länger in meinem Kopf, wäre vielleicht ein Insekt, geometrisch, angepaßt.

Wir hoffen auf Abweichung – das erzeugt die Zeit. Sie bringt uns aus dem Gleichgewicht, destabilisiert uns. Daher unser Treiben, unsere Geschichte, Odysseus' Irrfahrten, in widrigen Winden, Kolumbus gen Amerika, der Drang nach Westen, das Abenteuer der Wissenschaft. Nie bleiben wir stehen, stöbern ständig mit der Nase im Gestrüpp, mit den Füßen im unberührten Dreck. Die Propheten Israels sprachen es aus, als sie die Geschichte erfanden – sie zelebrierten diesen Rest. Jüdische Bauern sind wir. Wir treiben Ziegen ins wuchernde Dickicht, Reste des Krieges, sich nährend von den Resten der Erde. Dieser Zug durch die Wüste wird in unserer Alten Welt Geschichte genannt. Sie schreitet durch Felder und Wälder.

*

Hier angekommen, ist alle Abweichung dahin. Keine Feldraine, keine sumpfigen Wiesen, kein armseliges Krüppelgehölz – nichts wird dem Wildwuchs überlassen. Kein Rest, nichts, was verloren geht. Das Unkultivierte ist null, ausnahmslos. Alles geht ein ins Reich der Kultur, der Vernunft, der Nutzung, des Gesetzes.

Keine Abweichung, keine Zeit. Keine Zeit, keine Geschichte. Wohl seit Jahrtausenden demonstriert das ländliche China das Ende der Geschichte oder das Ende der Zeit: Angepaßte Ewigkeit; Menschen, geerdet und eingebunden.

Fest, unverrückbar, lotrecht, ewig. Hättet ihr jemals geglaubt, daß ein gutes Viertel der Menschheit seit langem schon die Ewigkeit bewohnt? Daß man es sehen, erleben kann? Diese dort sind am Ziel, sind so weit. Auch unser Ziel? Unser Ende, unsere Be-Erdigung?

Mein toter Vater und ich, wir werden nie die chinesischen Bauern kennen: nicht allein der abgeschnittenen Straßen wegen, sondern weil mein Vater, obgleich gestorben, und ich, obwohl an Wissen reicher, in der Geschichte bleiben, und weil jene, die wir verzweifelt zu fassen suchen, die Ewigkeit bewohnen. Hier hast du sie, die Ewigkeit, – auf und in der Erde, im Schwemmland, erdgebunden.

Politik und Geschichten erzählen von ihnen reißerische Lügenmärchen, machen schlechte Reklame, klopfen lockere Sprüche oder eiserne Lehren, erfunden und ernst genommen von Menschen, die eines vergessen oder verloren haben: das Schwemmland; die nicht sehen, daß hier alles aus Erde gemacht wird: die Häuser, die Mauern der Städte, das Immobile.

Dieses Volk hat keine Geschichte mehr, seit langer Zeit. Ich weiß nicht, ob es je in sie eintrat – es hätte sie folglich verlassen müssen. Es sei denn, Geschichte wäre keine abendländische Eigenart, kein kultureller Bereich nach Art einer Küche oder eines Hutfederschmucks, kein Einzelfall wie jenes Bauernvölkchen, das nicht immer und alles kultiviert, Ähren liest und ein bißchen von der Wüste, der Unordnung und vom Walde hat. Es sei denn, Geschichte wäre nicht jene einzigartige Exzentrizität, unsere wesenseigene Anomalie. Von der Geschichte Chinas zu sprechen, erscheint mir heute ebenso lächerlich, wie etwa von einer Haute Couture der Kwakiutl-Indianer. Wie kann es Geschichte geben, wenn alle Ziele erreicht sind, wenn das Gleichgewicht zur Perfektion gerät, wenn das Festhalten am Boden, die Anpassung an die Umwelt, die Umformung der Dinge und die Verwandlung des Menschen durch diese Arbeit zur Vollendung gelangen? Und – um das zu erreichen – die bloße Möglichkeit getilgt sein muß? Ja, die Geschichte vollzieht sich jenseits des Gesetzes, ist Ungleichgewicht, Exzentrizität. Angepaßte Lebewesen haben keine Geschichte, sind der Evolution verfallen. Das Reale, das vernunftgemäß wird, ist Animalität, unmittelbar, bedrohlich. Die vollkommene Vernunft führt zum Insekt, zum Bienenstock, zum Termitenhügel, zu jener Unerbittlichkeit, mit welcher der Mungo die Kobra frißt.

Ein bißchen Irrationalität rettet uns, ein Körnchen Zufälligkeit läßt uns verschnaufen – vom Spiel in der Maschine, die uns leben läßt. Das Leben, das Denkvermögen und der Wille zum Guten sind zweifellos Resultate dieser Spiele und ihrer Zwanglosigkeiten. Laßt die Ähren fallen, so würde sie sagen! Vielleicht begreifen wir eines Tages, daß die zuverlässigsten Maschinen Raum lassen für das Unvorhersehbare.

Eine erfolgsorientierte Polizei zielt einzig und allein auf das Erschöpfende. Über alles und jeden Bescheid wissen, ist die Leidenschaft des Inspektors. Ein Klassiker, wer die guten Methoden benutzt – jene der völligen Entleerung und Komplettierung, ein Chinese, ein guter Chinese.

Die Arbeit läßt nichts zurück, läßt nichts zu wünschen übrig, wie man so schön sagt. Nichts, was zum Objekt des Wunsches wird – nicht mal die Zeit. Die Totalität ist vollständig, die Ausnahme verschwindet in der Dichte, das Erschöpfende kommt auf sich selbst zurück. Alles leitet sich daraus ab.

Der Sieg des Künstlichen zum Beispiel. Es bedeckt wie angegossen Land, Bilder, menschliche Gesichter. Die Opernpuppe gestern abend war so exakt geschminkt, daß man an eine Sinnestäuschung glauben mochte, so künstlich, so gekonnt, einem

Phantom vergleichbar, ohne räumliche Tiefe der Körper, zweidimensional, wie ein Belag, eine Füllung, eine Stoffbahn oder Wandbespannung. Sie gründete im Flachen, wie der Bauer im Schwemmland. Sie war Frau, Puppe, Silhouette, Profil, seit zweitausend Jahren, unbeweglich, gedehnt, bildhaft.

Alles leitet sich daraus ab. Unsere geheiligten Berge, jener des Ödipus oder derjenige Abrahams, sie sind umwölkt, Ziegen weiden im wilden Gestrüpp. Das heilige Gebirge hier wurde geschrieben, vollständig geschrieben, vollständig gemeißelt, geschnitten und gestochen – mit Messer, Meißel, Nadel und Stichel. Kein einziges Fleckchen ohne Formung, Relief oder Schrift. Die Totalität des Sinnes hat das ganze Land bedeckt, ohne Verlust.

Das, was hier verloren ging, ist der Nicht-Sinn. Erhofft vom Morgen kein Wunder, denn es gibt keinen Morgen! Geschriebene Berge, wo sich der Ursprung der Zeit verliert; eingeschriebene Berge, wo alles Göttliche auf Erden bleibt, von Erde ist, in Fels und Schwemmland. Totale Immanenz: hier wohnen die Götter. Berge des Sinnes, wo verloren ist, was wir Hoffnung nennen. Hier habe ich begriffen, daß die Hoffnung dunkel, der Intellekt eine Ausnahme ist, und daß die Vernunft eine unerträgliche Last sein kann. Endlich weiß ich, was unsere unsichtbaren Götter wert sind. Ich erkannte die Vernichtung des Paradieses auf Erden. Durch den Gott-Kaiser und den Himmel-Staat.

Langweilige Verbotene Stadt. Laßt mich noch auf einen Himmel hoffen, der unvorstellbar oder unausdenkbar ist.

Alles leitet sich daraus ab. Ihr könnt nicht raus aus der Umklammerung des Gesetzes. Kein Ausbrechen in die Totalität; kein Ausweg aus der ungeordneten Bewegung in diese exakte Ökonomie. Auch wir sind zur Ökonomie verdammt, zum Weltgesetz: Geiz, Produktivität, Raubbau. Die Ökonomen würden gerne aus uns perfekte Tiere machen. Fast sind wir angelangt, rühren ans Ende der Geschichte.

Ich sehe kein Entkommen aus diesem Fehlen von Ausnahme. Keine Straße, keine Zeit, keine Atempause. Ein Bauernhof steht bei uns am Ende eines Weges, der sich mit anderen Wegen, Straßen und Autobahnen verbindet, so als wollten wir ständig aufbrechen. Das Haus aus Erde ist hier eingebettet im Erdboden; das Haus aus Lehm ist eingeschlämmt im Schwemmland. Ich würde hier morgen schon sterben, an Klaustrophobie, an Beklemmung, an der Rationalität und Vollständigkeit. Meine Vorfahren und ich, wir würden in dieser Agrikultur zugrunde gehen. Wie ausbrechen aus diesem kompakt Absoluten?

Wir wären gestorben an dieser Küche, in der alles eßbar ist, wo alles verwertet wird, die Rinde des Bambus, die Entenschwimmhäute als Hors-d'Œuvre, stets ohne Rest. Ja, wahrhaftig alles kommt daher. Wir essen nur, was wir nicht wegwerfen; und morgen schon werden wir unter den Abfällen ersticken. Wenn aber der Keimling gegessen wird, kaum daß er gesprossen ist, wenn Abfall, eben erzeugt, schon aufgelesen wird, nein wahrhaftig, so gibt es keine Ausnahme, keine Randzone, keine Zeit. Wir würden sterben an der Immobilität, der Starrheit. Wie? Sterben sie denn nicht? Irrtum. Das Ende ihrer alten Geschichte hat ihnen Unsterblichkeit verliehen.

*

Ich irre mich.

Ich bin ein Ackerbauer der Ebene. Im Frühjahr bedecken die Obstbaumblüten die Bäume, so daß kaum noch der Stamm erkennbar ist, wenige Meter vom Erdboden. Die ganze Ebene ein rosafarbener Überrock. Die Ebene schwebt. Ekstase. Ein Landwirt des Tales hat mit dem Seemann das eine gemeinsam: ein Mensch des Himmels zu sein. Der erste Strauch, ein einziges Gestrüpp verstellt den Horizont, eine Reihe Mais hindert mich, die Welt zu sehen. Die Erde, eingeklammert, ohne rechte Existenz, verschwindend klein das Fleckchen unter meinen Füßen, das bißchen Land, das ich bearbeite. Mein Leib ist Teil des Himmels, bewohnt ihn, ohne Schuh, Hand und Werkzeug, wenn ich mich zur Erde bücke. Ein riesiger Himmel, verloren die Erde. Zur Linken Regen, vor mir, blaß-gelb, die untergehende Sonne, hinter mir zieht ein Gewitter auf. Mehrere Wetterlagen füllen den Raum, mehrere Himmelszeichen und Himmelsplagen. Er ist gewaltig, der Himmel; in ihm lebe ich; er ist es, den ich bewohne; nicht länger bin dem Schwemmland verhaftet, vergraben, verschüttet – ich fliege. Ein Seemann sieht vom Meer wenig mehr als die ersten Wellen, er lebt mit dem Wind, mit dem Himmel. Von der Flußebene der Garonne bis hin zum gleichmäßigen Schwanken der Meeresdünung habe ich keine Veränderung bemerkt. Nichts ist interessanter auf dieser Welt als die Dinge der Ekstase. Wie dieser Totalität entgehen? Wohin ausbrechen, wenn Straßen und Wege fehlen. Eine Agrikultur ohne Einschränkung gerät zu einer Kultur der Einschließung. Die völlige Nutzbarmachung führt von Lehm und Löss zu Zahlen und Codes. Auf der Ebene des Zeichens wird alles mit einem Minimum an Chiffrierung produziert, ohne Aufwand und Verschwendung, ohne Verlust und Mangel, ohne Wiederholung und Auslassung. Der ganze Zahlenstrom, ausnahmslos, durch zwei Kennzeichen bestimmt: Punkt/Strich, Null/Eins, die simple Differenz. Hier also: von der bewährten chinesischen Agrikultur zur Ebene der Zeichen; alles schließt sich ein in einer strengen Ökonomie, schlagartig und mit minimalem Aufwand. Ja, alles weitere folgt daraus. Die Fülle der Symbole wie auch die Fülle an Reis und Weizen und die Fülle der Vernunft bei beiden. Unmöglich, dem zu entkommen; denn man entflieht keinem Haus ohne Weg, nur um ein geschlossenes Abstraktum zu finden. Ausbruch der Form wie der Materie – Gefängnis der Hand, Gefängnis des Kopfes. Wie ausbrechen aus diesen perfekten und abgeschlossenen Bauernhöfen?

Durch die Höhe, nach oben. Alle machen sich durch die Höhe davon, wie wir im Flachland. Drei Maulbeerbäume versperren von ihrer kleinen Böschung aus die weite Sicht vom Lössplateau, das Reisfeldbecken, Brunnenloch des Blicks. Hier abermals: Bewohner des Himmels, Himmelssöhne, Kinder des Fliegenden Drachens. Wieder einmal begreife ich, daß man problemlos auf Wege verzichten kann. Die Straßen, die das Schwemmland durchziehen, führen nur in Orte völliger Ähnlichkeit, reiner Identität, totaler Verdichtung. Man kann ebensogut das Allerhöchste bewohnen.

Die Dächer, seht euch die Dächer an. Wäre die Neigung gerade und der Winkel konstant, so ginge der Blick bis zur Erde, die Linie aber, was geradehin vermieden wird, würde wie ein ausgestreckter Finger auf das Schwemmland zeigen. So bei uns, da bringt uns das Schutzbedürfnis dem Boden, den Realitäten näher – wie man sagt. Hier gar nicht. Das Ende hebt sich, richtet sich auf, krümmt sich in schöner Rundung, einer Startrampe gleich; ihr rast die Neigung hinab, hebt ab gen Himmel, Ekstase, Fliegen, Überfliegen. Keine Stelle im Schwemmland ist frei, kein Fleckchen Erde dient euch als Ruhepol, nur das senkrechte Schweben bleibt euch als Richtung. Der fliegende Drache ist kein Fabeltier, er stammt von dieser Erde, ist autochthon und anerkannt bei fast einer Milliarde Bauern. Sie wären erstaunt, aus dem Munde einiger Belesener zu hören, daß der Drache nicht existiere. Eine Milliarde Quasi-Drachen in der Ebene von Peking bis Kanton reichen wohl nicht als Beweis für den Hochmut jener kleinen Raisonneure? Sie sehen in ihnen nichts als Arbeiter. Gebt ihnen Ferngläser, Lupen, Sichtgeräte – diesen armen Blinden. Vielleicht können sie eines Tages die Drachen fliegen sehen, die Rampen, Zugang zum Himmel, Dachziegelfirste, manchmal gestapelt – drei, fünf, sieben – Harmonien, Pagoden. Ja, wahrhaftig, alles kommt daher. Mir scheint, wir aus dem Westen, Menschen der Ebene, wir müssen uns inspirieren lassen von jenen Dachrändern und Tempeln, weil wir mit den chinesischen Bauern vom Huangho oder Yangtse diesen Raum des Aufstiegs teilen. Wir haben nichts, von wo unsere Erzengel aufsteigen, keinen Ort in der Höhe, wo sich Engel niederlassen könnten. Unsere Gotteshäuser sind flach oder überspitzt, abweisend, ungastlich, unbequem. Die Ebene ist rar hier, und der Bauer, Sohn des Himmels, eine Minderheit. Die Barbaren des Waldes, des Gebirges, haben unsere Kultur bestimmt. Dort unten erkenne ich meinen Ebenen-Leib, meinen ekstatische Aufstieg, mein Fliegen. O meine Brüder des Himmels, ihr müßt es wissen!

Die Ebene schwebt, der Drache fliegt, die Pagode fliegt, die Abflugrampen am Rande der Dächer, es schwebt die Kultur über der Erde, der vollen. Der Bauer fliegt, Kopf in den Wolken, über der Ebene, kein Ort, um sein Haupt zur Ruhe zu betten, kein Weg, um sich zu entfernen, drachenfliegender Bauer, Sohn der Erde, Vater des Himmels. Dem Wind und der Weite des Raumes preisgegeben, Seemann des Schwemmlands, des Löss und des Schlicks: er wird zum König oder Hüter des Himmels, zum Kaiser, der – umgekehrt – sich niederläßt, um der Erde den Himmel aufzuprägen. Die Weite, die weder bestellt, bepflanzt, noch besät ist; das Mal des Himmels, das Siegel dieser Umkehrung wird neu besetzt. So einmalig ist sie, ein solches Wunder, daß dieser Preis angemessen scheint. Vielleicht ist der Kaiser allein auf der Erde, vielleicht ist er das einzig wahre Schwere, gefesselt an das Gewicht seines Fleisches, anheimgegeben seiner Gewichtigkeit, das Ende eines Kegels, Spitze nach unten, auf der Fläche fliegende Chinesen. Das Tal der Königsgräber, außerhalb der Welt, losgelöst wie eine Manege in einem riesigen Kreis gezackter Berge; alleiniger Zugang durch eine Allee von Kolossalstatuen – ein Zugangsschlot oder Aufstiegskamin. Die Spur der Himmelsstraße, sie allein bleibt von Pflanzen verschont.

Die Bilder fliegen die Rouleaus entlang – senkrechte Pfade bis zur Randleiste, die Malerei steigt darin auf, rauchig-fließend zwischen Blättern und Blumen, vielfältige Gesimse durchstoßen die Wolken, erreichen sie, ohne sie je zu berühren: säulenartige Bilder, Säulen des Himmels. Gemalte oder geschriebene Kamine, Himmelsleitern, gelöst vom Tiefpunkt, dem letzten, tiefsten; der Höhenraum, so unendlich hoch, daß man endlos absteigen müßte. Wißt ihr, von welch verschwimmendem Ort sich die Wolken erheben? Der Weise bewohnt die Wolken; sein Haus ohne Mauer, seine Barke, Gewässer, Gärten und Brükken schwimmen im Wissen des Himmels. Er offenbart sich im Fliegen und in der Ekstase ruht er sich aus. Er steigt hinauf mit dem Rauch, wo es Zeichen regnet, auf steilen verschwimmenden Treppen und schneckengleich gewundenen Pfaden. Woher kommt ihr? Was sucht ihr? Ihr, die ihr Spuren hinterlaßt zwischen Zenit und Nadir, ohne aus dem Gleichgewicht zu treten. Ich bin jenem Sinn gefolgt, den ihr zurücklaßt; ihr sagt, daß die Erde unzugänglich sei. Wie wahr. Sie ist besetzt, gefüllt, gesättigt. Schon vor der Geburt, gibt es dort keinen Platz mehr für einen. Bleibt der Luftstrom, das fliehende Wolkenband als alleiniger Ausweg; da, wo die Drachen fliegen, die wir aus kleinem Flechtwerk zusammenfügen. Wo selbst die Buchstaben steigen, sehe ich keine Segel, nur Masten und das Gewirr der Takelage, nicht die äußere Gestalt oder die durchsichtige Haut, sondern nur die Stäbe ihres Rahmens. Die Zeichen fliegen säulenweise – Schiffe des Himmels. Eine Milliarde Chinesen halten ihre Drachenschnur, ihre Schrift, Richtung Sonne.

Wenn wir hier Spuren hinterlassen, mit Feder oder Pinsel, richten wir sie aus auf unseren Horizont, wie bei der Spur unserer Schritte. Unsere Schriften sind flach, unsere Gemälde gestreckt. Nur unsere Statuen stehen aufrecht auf Sockeln oder Säulen: unsere Toten. Aus diesem Grund würden wir morgen schon in die Weite ziehen, in den Westen oder ans Ende der Zeit, ans Ende dessen, was wir Geschichte nennen. Unsere Schriften neigen sich, unsere Bilder laufen schräg, kippen vornüber. Ihr aber geht in die Tiefe – denn der Boden gibt nach; ihr steigt höher – denn der Himmel ist offen; die Zukunft hat keinen Sinn für euch, so weit vorne.

Eine weitere Lage Wolken, eine weitere Welt fliegen dahin, wohl zehntausend Fuß darüber; auch unter den Wolken, da, wo der Weise sein Haus errichtet, Veranda, Garten und See; oder da, wo der Pinsel Figuren malt. Ihr hinterlaßt nur vertikale Spuren, grenzenlos nach unten oder oben, zeigt, daß eure Schritte Drachenschritte sind. Der chinesische Bauer ist unauffindbar, folgt man dem schmalen Weg der Tragjoche: so schwer sie auch sind, sowenig hinterlassen die Schritte einen Abdruck im Schwemmlandboden. Fußspuren, die mehr und mehr verschwinden, dicht bei dicht, unauffindbar, erdgebunden, vergessen. Aber wir finden ihn wieder unter den Akrobaten. Er springt und fliegt über den Köpfen, zwischen den Drachen. Die gaffende Menge starrt mit aufgerissenen Mäulern; starrt und bestaunt die gerade Schrift der Rouleaus, die senkrechte Schriftzeichen-Malerei, die Drachen, Seiltänzer, Zauberkünstler und sich selbst. China fliegt und schwebt, es verläßt sein erschöpftes Land.

Durchschreite die Mauer, betritt den Garten, das Paradies des Künstlichen. Was findest du hinter dieser Mauer, eingeschlossen, im Stadtmilieu? Was findest du im abgeschlossenen Mauerring nach der Brücke, die ein stilles Gewässer überspannt? Einen Garten, wie überall, aus Steinen gebaut, inmitten von Steinen. Nein, nichts Groteskes, kein Rokoko, kein Muschelwerk, obgleich der Fels simuliert wird. Was täuscht, ist seine Härte; was sichtbar bleibt, ist seine Form. Der Fels ist Wolke, rund, gescheckt, steigt in die Höhe, zerfließt, zerfetzt, ein Paradox, ein Nebel-Stein. Wir wandern, O Wunder, dreidimensional und real über das aufsteigende Rouleau: da das Haus; ich erkenne die Veranda, das abgeschlossene geheime Gärtchen, den Hain; und da das Ufer, das flache Boot, der See. Ich brauche den Weisen, der einsam meditiert, nicht zu suchen, denn der Weise hier bin ich. Wir schreiten über den Wolken, der Raum fliegt gen Himmel, der ganze Garten erhebt sich, gleitet und schwebt in die Höhe, stufenweise in steiler Neigung – außer sich, gelöst, verloren, wellenförmig, verdreht, doppelt gewundene Leiber so vieler Drachen. Der Garten fliegt, der Drachen fliegt. Auf welcher Höhe sind wir jetzt? Das, was hinter der Mauer ist, hinterläßt keine Spur auf der Erde; es ist ein Loch in der Welt, ein Kamin, durch den ein weiches Gewinde, dieser Garten, davonfliegt. Durchschreite die Mauer, und du verläßt die Erde! Die komplizierte Flugbahn, von Stationen markiert, ist sublim und schlicht; besser: sublimiert, in genau diesem Sinne, wenn die Stein-Materie Luft wird. Der Garten ist nicht bebaut, bepflanzt, gesät, er gehört nicht zur Agrikultur. Er ist ihr Gegensatz, ihre Ergänzung, das, was aus ihr entspringt, unmittelbar, gen Himmel: die Kultur.

Ich spreche durchaus nicht von Mystizismus, es sei denn, unsere eigene Mystik sei noch immer nicht zur Klärung gelangt. Das Fliegen ist weder mysteriös, noch göttlich, nicht einmal ein Wunder. Oder, was schlimmer wär, irgendein Traum, ein Phantasma des Wunsches, ein Horror, wie armselig. Nein, es ist etwas ganz Natürliches, eine ländliche Praxis, ein kulturelles Wissen, das die Pflanzenkenntnis, unsere Nachahmung der Blätter, Blumen und Gräser ergänzt, das, was den Bauern vom Nil und der Garonne, von Euphrat und Tigris, Indus und Ganges, von Yangtse und Huangho gemeinsam ist. Der ländliche Raum Chinas ist ein Garten mit wenigen Stationen, mit einer schwierigen und beschnittenen Flugbahn, ein Raum, der erhalten und erfüllt wird von Völkern und Fliegenden Drachen; der Himmel Chinas erhebt sich über dem Schwemmland, er fliegt über der Ebene, so einfach ist das. Die Füße im Schlamm, die Knöchel im Wasser, grenzenlos-vergessener Leib, Kopf im Himmel. Luft und Himmel sind die einzigen Rückstände von Erde und Wasser, die den ganzen Boden so vollständig bedecken, daß ihre Bewohner ihnen nicht entkommen. Lehm, Löss, Schlick und Schlamm gilt es zu bearbeiten, bleibt als Wohnort die Höhe. Jene, die das Erdreich bearbeiten, wohnen nicht dort: Troglodyten am Boden oder Drachen im Himmel. Sie fliegen. Es fliegen die Drachen, entweichen; es gilt, sie zurückzuhalten.

Der Fels – eine Wolke. Im Garten hier – fester Boden. Schau dir die Türen an: oval, rund, kompliziert wie ihre Schlösser, verkantet, verschnörkelt; bei uns hat die Geometrie der Topologie ihren Platz überlassen. Der Maurer hat sich vom Harten, vom Rigorosen verabschiedet und sich dem Weichen, Sanften, Zarten, Dickflüssigen, Veränderlichen verschrieben: Türen, Einfassungen, Rahmen verändern sich wie Wolken. Der Architekt hat Perspektive, Standort, Fluchtlinien, das ganze Drum und Dran des Theaters weggelassen, um direkt und fortlaufend in die veränderlichen Gegenstände einzutreten. Wenn sich Wolken wandeln und wandern, sich ändern in jedem Moment und jeder Phase, träumt ihr dann vom Standort? In den Wolken fliegen, das bedeutet das Sein und seine Stellvertreter verlieren, um sich blindlings in den aberwitzigen Wechsel zu stürzen. Keiner fliegt zweimal inmitten derselben Wolke. Die Ewigkeit tilgt sich im Instabilen, das Denken in den veränderlichen Objekten.

*

China ist eingebettet im Universellen. Die Agrarvernunft auf Erden kann keine Ausnahme dulden; die Kultur wird zur affirmativen Totalität. Jeglicher Rest wird unterdrückt. Die Landwirte, jene vor allem, die diese Kultur produzieren, und umgekehrt, die diese Kultur produziert, bewegen sich in einem Zirkel, der so rein und vollkommen ist, daß sie selber darin als Unvollkommenheit, Unebenheit, als Mangel oder Fehler erscheinen. Sie haben den Drang zu verschwinden: unter die Erde, in einer Grube, zwischen den Lehmmauern, über der Erde, in der Höhe. Erdgebunden oder ekstatisch – Ja, Bestien oder Engel. Unerbittliche Wahl: Ekstase oder Ameisenhaufen, totale Anpassung, Stumpfsinn, oder verklärte Erhebung und Weisheit.

China bewohnt die Geometrie. Ein einfaches und einheitliches Gesetz besetzt den Horizont; seine universelle Regel ohne Ausnahme überzieht die gesamte Ebene. Ein zweites Gesetz, doch zweifellos dasselbe, zieht eine Senkrechte genau über diese Horizontalität. Alles ergibt sich aus solch einer Norm. Hier verstehst du, daß China offenbar der letzten aller universalistischen Ideologien verfallen ist.

Vor einem solchen Kreuz begreife ich, wer ich bin, wer wir sind: Schräge, Gefälle, Winkel. Vor dieser Stabilität erkenne ich das, was uns ständig vorantreibt, und warum sich China im Kreise bewegt. Wir tragen am Falschen, wir müssen stürzen. Die Abweichung, der Spielraum, er wird bereitgestellt, besetzt, aufgegriffen; er ist stets vorne, erledigt hinter uns, mit tausend Namen: die Ausnahmen, der unverständliche Rest, ein paar Halme für die Ährenleserinnen, Ackerflecken, die zu Brachland verkommen, all das, was sich der totalen Vereinnahmung durch Vernunft und Norm widersetzt, jener verflucht irrationale oder geheiligte Bereich, der geniale Einfall angesichts einer Flut von Wiederholungen, die Angst vor der chinesischen Identität, die morgendliche Freude über alles Neue. Hier bei uns gibt es weder Horizontales, noch Vertikales, mit Ausnahme der Toten, die einbalsamiert sind in Denken und Macht. Alles, selbst das Geringste, ist noch Geschichte. Wir sind die Unvollkommenen, die Lücken und Leerstellen.

Unsere Säulen biegen sich, wir leben in Wäldern aus Stützbögen, Ebenen, die durchsetzt sind. Wir sind trunken vor Bewegung, geimpft mit Perspektiven. Nehmt irgendwas Chinesisches, von jenen Neuerungen, die keinen Zollbreit die Zeit oder Gesellschaft voranbrachten, und bringt es zu uns in den Westen: Pulver oder Kompass, es erschüttert unsere Systeme, verändert das Gesicht unserer Welt; war's da unten auch etwas Unbewegliches, bei uns rollt es die schiefe Ebene hinab, wird zum Schneeball, wird historisch – als ob dieses Etwas sich auf der Krümmungslinie des Raumes zu seinem Standort bewegen würde. Das Pulver explodiert und verteilt sich, der Kompass führt nach Amerika. Ich habe kleine Objekte gewählt: Vervielfacht durch unsere Geneigtheit und Neigungen, sind sie von ungeheurer Konsequenz. Unsere Geschichte hat manchmal kleine Ursachen und große Wirkungen. Manchmal auch große Ursachen und kleine Wirkungen. Das hängt vom Winkel ab, vom Kompass-Winkel. Nehmt ein historisches Objekt, zum Beispiel ein außergewöhnliches System, das bei uns gewaltige Veränderungen hervorgebracht hat, und bringt es in den Osten, in diesen vertikal-horizontalen Raum der Fülle und des Überblicks. Wenn es sich langsam setzt, sich behutsam abklärt, verharrt, sich verfestigt, ist es bald schon unbeweglich, unveränderlich, reduziert seine Winkel auf Null, folgt gehorsam der Norm, paßt sich an dem dortigen Raum: Ein langer Marsch des Verlöschens.

Läßt uns ein solch bescheidenes Resultat erschauern, da unten hingegen ist es eingefügt im Horizontalen. Das, was bei uns vielleicht seit langem nur eine sehr alte Geschichte ist, kaum vorstellbar, kommt zwischen den zwei Flüssen zur Vollendung. Morgen wird das, was wir unsere neuere Geschichte nennen, sich erschöpfen, verflachen, in Lehm und Löss der fernöstlichen Ebenen.

Eine Ideologie der Geschichte annulliert sich im Universellen.

*

Hört zu! Ich kehre zurück zu den Wegen, den bepflanzten, rechts, links, im Fünf-Augen-Muster, daß kaum noch ein schmaler Fuß dazwischen paßt.

Ist es immer von Vorteil vor seinem Zuhause eine schöne Straße zu haben, unterhalten von der Macht des Staates, zur steten Erinnerung an die Autostraßen der großen Welt? So oft schon haben wir uns gewünscht, uns zu verlieren, vergraben, eingebettet in Schlamm und Löss, ohne Weg hinaus oder hinein – nicht nur, ohne eine Spur zu hinterlassen – wie Majoranstrauch, sondern ganz und gar verloren, ohne die leiseste Spur eines Weges.

Erinnert ihr euch, wer uns auf der Straße entgegenkam? Erinnert ihr euch an den, der sich eines schönen Morgens am Hofgatter vorstellte, oder am Feldrain, dort, wo der schmale Weg in den Furchen verschwindet. Dieser Ort trennt jene, die sich bewegen von denen, die sich nicht bewegen, jene des Raumes von denen der Erde, den Abgesandten der Erdgebundenen. Erinnert euch der Priester. Sie kamen, um uns sprechen zu lassen, um uns aussprechen zu lassen unsere Geheimnisse und Vertraulichkeiten. Es war nicht ernst, es reichte schon, sich etwas auszudenken. Erinnert ihr euch der Soldaten, Gendarmen und Polizisten? Sie jagten unsere Söhne zu Pferde, so wie man Wild hetzt, um sie anschließend in den Krieg zu schicken. Erinnert euch der Bankiers und Volksvertreter: Statt uns von Gott und seinen Engeln zu sprechen, von Vaterland und Heimaterde, sprachen sie von Geld und Wirtschaft. In den paar Jahrhunderten sind jene, die dort hinkamen, habgieriger, gerissener, gefährlicher geworden. O Gott, diese Armeen, dieser Kommerz! Wir sind deshalb immer weniger geworden. Sie haben uns ausgeplündert, verjagt, vernichtet. In der Stunde unseres Sterbens erreichen uns weiß gekleidete Besucher: die Ethnologen. Es scheint, sie haben keinen Platz mehr – jenseits des Meeres.

Das Fehlen der Wege in China, die starke Bevölkerungsdichte der Schwemmlandebenen, dieser fließende Übergang der Agrikultur in die zähe Unbeweglichkeit – das beneide ich. Der chinesische Bauer wehrt die Geschichte ab, mit seinen eigenen Mitteln: überall pflanzt er, und das so dicht, daß er die Straße erdrosselt. Er pflanzt vor sich und vergräbt sich hinter dieser Durchgangsbeseitigung. Sie sind da, fast eine ganze Milliarde, der Geschichte unzugänglich seit dem Ende ihrer eigenen Geschichte. Aber sie bilden ein immenses Reservoir für die hungrigen Bestien, die sich herumtreiben, bereit, die kommende Geschichte zu verschlingen. Sie sind der Schatz, die Reserve der Menschheit, die bei uns ausgeplündert wird.

Alle kamen sie, alle, hört ihr? – Alle, alle sind gekommen, um uns zu verteidigen. Alle liebten uns, alle meinten es gut.

Die Politiker und Könige kamen, um uns vor Königen und anderen Politikern zu schützen; die Priester, um uns vor dem Bösen und dem Teufel, den Wölfen und unserer eigenen Gewalttätigkeit zu bewahren; die Gendarmen, um uns vor den Briganten zu schützen; die Soldaten nahmen uns die Kinder, um uns vor irgendwelchen Deutschen zu schütze. Sie hatten ein Bewußtsein von uns – und auch für uns. Die Partei nahm die Militanten auf, um uns vor den Ausbeutern zu schützen. Sie hören nicht auf, uns zu schützen. Später dann sind die gekommen, die uns vor Regen, Hagel, Frost, Dürre und Unfälle, vor dem Morgen, den Krankheiten, dem Preisverfall und dem Alter schützen. Versicherer, Vertreter, Bankiers, die geschlossene Legion der Ökonomie. Der Traktor bewahrt uns vor der Erschöpfung, der Kredit vor der Schnelligkeit der Zeit. Heute gehört ihnen die ganze Erde. Sie haben uns alle getötet, ruiniert, dezimiert, zerstreut. Schaut her, wir sind fast verschwunden! Schaut her, wir sind nur noch ein kleines Häufchen von Alten und Gespenstern. Manchmal setzt man unsere Namen in Register oder auf marmorne Stelen vor leeren Gräbern. Und dennoch, sie hören nicht auf, kommen noch immer. Die da wollen unseren Namen auf Büchern, um uns vor dem Vergessen zu bewahren, um unsere Kultur, die alten Spiele, den alten Witz zu retten, um uns vor dem Verschwinden und der Unkenntnis zu schützen. Immer wieder kommen andere, um unsere Freiheiten zu verteidigen.

Haben wir sie je gebeten zu kommen? Haben wir all diese Menschen der Geschichte jemals ermächtigt, uns zu verteidigen und zu schützen? Was wäre aus uns geworden, hätte man uns wirklich angegriffen? Vielleicht wären sie ein bißchen weniger gefährlich gewesen. Wir sterben, weil wir verteidigt wurden; wir sterben, damit man uns verteidigen kann.

Der Friede, ja der Friede! Laßt uns in Ruhe. Laßt uns endlich in Frieden sterben. Wir haben es nie verstanden, die Wege und Straßen so dicht zu bepflanzen; wir haben es nie verstanden, uns im Weizen zu verbergen.

*

Wieviele sind es, die sich bewegen, die die Geschichte schaffen? Wieviele sind es, die auf den Straßen dahinziehen und ihre Diskurse verbreiten?

Wieviele sind es, die die Straßen beschneiden, sich an den Boden, ins Schwemmland drücken, seit dreitausend Jahren?

Nordamerika hat Strassen, aber keine Orte; ich verstehe darunter von Menschenhand geschaffene Orte. Es ist ein Raum, den man durchquert. China hat erdgebundene Orte, es hat keine Wege, nicht einmal kleine. Es ist ein Land, wo man ruht, ein immens großer Ort. Wir in Europa haben Orte, Straßen und Wege. Ebenso lange, wofern nicht die Wege, die die Orte schaffen, ersetzt wurden durch Straßen, die diese zerstören.

*

Was ist ihnen zugestoßen, denke ich plötzlich? Was ist ihnen zugestoßen, daß sie sich vor der Geschichte verstecken und der Erde vergraben? Was ist ihnen zugestoßen, ganz zu Anfang? Welche ungeheure Katastrophe, welch schrecklicher Riß, da sie sich von uns, von sich, von allen abschnitten, von ihrer eigenen Erde durch die totale Agrikultur? Vor welcher Ursprungssintflut sucht sich das chinesische Bauernvolk mit dieser Kultursintflut zu schützen? Vor welchem primordialen Schrecken, der hier noch immer allgegenwärtig und allmächtig ist?

Ich weiß es, ich sehe es, wir haben es erlebt. Vor jenem schweigenden Schrecken, der uns, den Bauern aus Fern-West begegnete: totale Unterdrückung, radikale Eliminierung und Auslöschung. Wer sagte ein einziges Wort während dieses Genozids? In weniger als vierzig Jahren wurde unser Agrar-Raum entleert.

In unseren verödeten Dörfern ist unsere Kultur gestorben. Ja, ich sah die Sintflut auf Erden.

Hier wehrt sich eine Milliarde Menschen gegen die Geschichte, durch Schweigen und Unbeweglichkeit: eine Masse von Menschen in Schlammgruben und in den Wolken des Windes.

China Schwemmland.

*

Nein, ich bin kein Bauer mehr, kein Schollenbrecher oder Steinbrecher. Die Meinen sind es gewesen seit dem Neolithikum, mit Sicherheit jedoch seit es um Steine und Erde geht – und sie sind es noch immer. Ich kenne jene um mich, die zu schreiben verstehen, seit viertausend Jahren, seit es Bleistift und Kohle, Wachs und Papyrus gibt. Ich bewundere sie, sie faszinieren mich, und ich verstehe, daß sie dann und wann ermüdet sind von dieser Last; und daß sie Lust verspüren, das Spielzeug zu zerbrechen wie verwöhnte Kinder. Ich weiß, ich kann seit einigen Jahren kaum noch schreiben; ich jage der verlorenen Zeit nach; würde über Mauern, Erde und Steine schreiben; mir scheint, ich könnte selbst übers Wasser schreiben. Viertausend Jahre ohne Schrift – was kann ich für diese Kraft dahinten, die mich stößt? Selbst im Schlaf schreibe ich. Ja, ich schreibe von ihnen, schreibe das, was sie selbst nicht geschrieben haben. Solange mir zu atmen vergönnt ist, werde ich versuchen, sie zufrieden zu stellen, jene, die vor mir weder zu schreiben wußten noch konnten. Ich kenne jene um mich, die seit Anbruch der Geschichte lesen und von da an der Geschichte angehören. Darüber staunte ich am meisten: Kaum hatte ich mein Schwemmland verlassen, traf ich sie wieder. Ja wahrhaftig, wir gehören nicht der Geschichte. Ich erinnere mich stets meines Erstaunens; mag sein, daß es nie geendet hatte: Erstaunen vor ihren Gesten, ihren Worten. Nein, weder ich noch die Meinen gehören der Geschichte an – nein!

Nein, ich gehöre auch nicht dem Schwemmland an. Ich bin Schrift geworden. Nein, ich schreibe nicht so, als wenn die Welt, die schreibt, verlangte, daß man schreibt. Nein, ich schreibe nicht für den Kampf. Aus diesen Kampf sind die Meinen, die weder zu schreiben wußten noch schreiben konnten, stets als Verlierer hervorgegangen. Nein, ich schreibe nicht für die Gewalt, von welcher Seite auch immer, nein, ich schreibe nicht für Kampf und Konkurrenz. Nein, ich schreibe nicht aus Engagement. Ihr Engagement ist nichts als Publizität, für sie selber, für ihre Gegner. Verlockend die Werbung, wenn die Gewalt groß ist. Dieser alte Vertrag zwischen den Kombattanten sichert ihnen Macht und Ruhm; sie werden und bleiben groß, selbst dann, wenn ein Irrtum ihre Schriften mit Blut befleckt. Folglich ist Papier nur bedeutsam, wenn es mit Blut getränkt ist. Nein, ich schreibe nicht mit Blut. Der engagierte Schriftsteller, zweifach empört, steht eben dann an der Seite der Zerstörer, wo er die Verteidigung ergreift. Nein!

Nein, ich verstehe das milliardenfache Schweigen, ich verstehe die Lektion, in Furchen und Erde geschrieben, bedeckt von Wasser, Pflanzen und Vergessen; ich verstehe die Unbeweglichkeit, Ausflucht und Abwesenheit, den Rückzug und die Ablösung; ich verstehe die Mauern, die ausgedehnten und weichen, aus Reis, Flachs, Soja und Maulbeerbaum. Nein, ich werde niemals mehr auf Straßen agitieren. Ich gehöre nicht mehr zum Schwemmland – durch einen wunderbaren Zufall: Ich kehre nicht mehr dorthin zurück, um nicht stehen zu bleiben an jenem Punkt, wo der Weg in der Ackerfurche verschwindet, wo Arterie und Vene in den Boden tauchen, wo sich die Bruchstücke des Lebens bilden. Nein, ich fliehe die Flut der Parasiten, vermeide Lärm auf Kanälen und Straßen.

Nein. Ich säe Buchstaben und pflanze Worte, setzte Zeichen in Reihe, mir und ihnen entgegen, dicht geschlossen, um am Ende hinter diesem Spalier zu verschwinden. Die Kulturfassaden lassen die Straßen versinken. Nichts mehr wird sich bewegen auf dem Feld und im Reis; ihre schweren Fahrzeuge versinken im Schlamm. Die Kulturfassaden, die schönen, untergraben die Durchfahrt. Ich zieh mich auf unbestimmte Zeit zurück hinter die Furchen meiner Schrift.

Nein. Ich bleibe im Himmel, um zu fliegen, langsam, zwischen Wolken und Drachen, zwischen Schriftzeichen und Seen, in friedvoller Gesellschaft aller Schwemmlandbauern. Ich kehre dorthin nicht zurück – ich habe sie wiedergefunden.

In friedvoller Gesellschaft meiner Vorfahren, meines Vaters.

– Also bist du doch gekommen?

SEEMANN

DER BALL DER KAP-HORN-FAHRER

Am Ende seines Lebens bekam er Angst vor einigen Millimetern Quecksilber. Zu Anfang des Jahrhunderts hatte ein ortsfester Wirbelsturm in den Gewässern der Kerguelen ihm selber, den Rahen und Segeln, übel mitgespielt, bei drei Strich unter siebenhundert. Wer hat sowas schon erlebt? Dreißig, vierzig Meter hohe Wogen – wer denkt da schon ans Zählen – machen eine völlig neue Landschaft. Erkennbar nur die Welle, eine Mauer, die dich wegfegt, niederschmettert – oben auf dem Kamm der grauenhafte Wind. Schnell den Blick gehoben, weg vom schmutzigen Inferno! Mein Leben besteht aus zwei Zeitabschnitten: der Zeit, die einem vergleichbaren Moment, der immerhin fünf Tage dauerte, vorausgeht, sowie der, die danach kommt. Verwandelt, verändert, geht man daraus hervor, nicht eben besser, würde ich sagen. Er hatte hinterher in Zeitungen einen Bericht von einem schrecklichen Orkan gelesen, der noch ein oder zwei Millimeter weniger hatte. Gibt es so was? Er hätte sich bestimmt gern vergewissert, ob die Geschichte wahr oder erfunden ist, hätte gern gewußt, wie man eine Situation meistert, wenn sie dermaßen kritisch wird. Mit Gottes Hilfe, selbstverständlich. Wen aber fragen? – Woher die Informationen nehmen? Ein Moment dieser Art kommt bestimmt, manchmal schnell, für einen jeden von uns. Er hat ihn erlebt – Gott bewahre mich davor!

*

Alt, klein und schüchtern lebte er bis zu seinem Tod im letzten Jahr in einem alten Haus von Molleau, zwischen Pinien, dreihundert Meter vom Meer. Ich sah ihn niemals auf einem Schiff, nicht mal im Hafen. Wasserscheu wie eine Katze, würde man sagen.

Die Kinder suchten nur ihr Vergnügen – in einer Art Ausflugsschiffahrt. Wortschatz und Kleidung hatten sie übernommen. In den Häfen des Mittelmeeres sieht man sie zu Hunderttausenden; nie gehen sie ohne einen kleinen Anker am Handgelenk. Diese Spaßvögel zeigen mehr Seemannsgehabe als die echten. Ich muß sagen, sie machen Eindruck auf mich. Ich habe nie etwas anderes als die Riesenpötte über fünftausend Tonnen geschleppt – vor kleinen Nußschalen hab' ich Angst. Nun, ich mecker ja nicht. Ich hab' große gekannt, die daran Vergnügen fanden. Sei gegrüßt, Freund Roos, der erfolgreicher als ich die echte Nord-Ost-Passage bezwang! Kurzum, er kletterte in seinem Alter noch immer hinauf in die Pinien, um dort oben einen toten Ast abzuschneiden, der sein Dach oder die Häupter seiner Enkelkinder gefährdete. Schon bei geringem Wind schwankte der Baum, und es sei bemerkt, daß in besagter Situation die Rahen über Bord gingen – Backbord und Steuerbord, eine nach der anderen, während das Schiff in schwerer Dünung rollte. Wie konnte er da, Handgriff auf Handgriff, die Segel raffen? – Seltsam. Eine Hand für den Schiffseigner, die andere für sich selbst, so war der Handel. Wovon träumte er, mit achtzig, da oben in den Wipfeln, im schwankenden Forst, Blick bis zur Düne, wie ein Insekt an die Spitze des Masts geklammert? Schlief er, losgelöst im Windbett? Hielt er noch Wache?

Stumm und taub wie ein Stein verließ er nur selten sein Zimmer. Der ehrwürdige alte Herr wohnte nicht schlecht in seiner Kabine. Das Modell seines ersten Schoners gut sichtbar auf dem Kamin. Daneben die Urne mit der Asche seiner Tochter, die während des chinesisch-japanischen Krieges in Shanghai starb. In den Kriegswirren wurden keine Leichname mehr transportiert. Er las ein wenig, meist Handbücher über Chemie und Physik, fast gar keine Literatur; phantasiebegabt war er wohl kaum zu nennen. Als er starb, stellte man die Urne seiner Tochter mit in sein Grab; die Vereinigung – im Jahr darauf.

*

Ich glaube, ihn gekannt zu haben. Ich war lange mit ihm zusammen, wartete, daß er reden würde. Er mußte einfach erst warm werden. Ich hatte das alte Handbuch für Steuerleute im Kopf, kannte Knoten, Signale, Makarov, das SH1, ein paar unbedeutende Kleinigkeiten, hatte zweihundertmal die Boje bei Lys passiert und blieb gänzlich ungerührt trotz seines Schweigens. Sein Leben war wie abgeschnitten, seine Zeit zum Stillstand gebracht, wie im Märchen, im Traum, bei *Dornröschen*. Er war nach Krieg und zehnjähriger Trennung von der Familie nach Frankreich zurückgekehrt. Seine Kinder, fast schon Fremde, seine Frau hatte ihn auf dem Quai von Shanghai in schwangerem Zustand verlassen. Bei seiner Rückkehr war sein jüngster Sohn knapp dreizehn. Auf der einen Seite der Hunger, auf der anderen die Japaner. Er war ein seltsamer Gast im eigenen Haus: allmächtig Herr und doch nur geladen. Ich habe die Fortsetzung der *Odyssee* gesehen. Es ist nicht sicher, ob Odysseus sich freute, und ob nicht Penelope oder Telemachos von Xenophobie befallen waren. Der Seemann hört stets Kirke, Skylla und die Sirenen, da kann man nichts machen. Er kommt von irgendwoher, ist irgendwo, aber immer abwesend. Dieser Einschnitt blieb. Fünfzehn Jahren nach all den Wiedersehensfeiern hockte er noch immer in seinem Zimmer, wich nicht von der mitgebrachten Urne – sie war seine einzige Verwandte. Verschreckt von all diesen hereinbrechenden Ereignissen, gelang es ihm nicht, die beiden Zeitabschnitte seines Lebens zu verknüpfen. Vielleicht hatte er nur eingewilligt zu sprechen, mit mir zu sprechen, weil ich ihm bei dieser Verknüpfung behilflich sein würde. Für ihn gehörte ich zur Nachkriegsgeneration, verstand aber auch, ein Schiff zu steuern; hatte vor Port-Saïd Anker geworfen und Guardafui gesehen. Wir unterhielten uns endlos über die Steuerkunst.

*

Ganz ruhig sprach er über das Erdbeben von San Francisco, von den dreihundert Tonnen Zement, die er in sechs Monaten von Liverpool ums Kap Horn transportierte – schwarz, versteht sich. Fehlte die Brise, mußte alles per Ruderboot geschleppt werden. Warum verließ er so jung sein Heimatdorf Gers? Das Meer ist wie ein Auge, faszinierend und abstoßend zugleich, wenn es glatt und transparent daliegt. Je mehr der Segler mit mächtigen Ruderschlägen vorankommen will, um so mehr gerät er ins Zähflüssige. Der Riemen bleibt stecken im Verdichteten. Wasser lebt nur zerfranst, zerrissen, gepeitscht. Frisco? – Nur wenige Erinnerungen. Der Goldrausch? – Auch nichts. Es ist wahr, ein Seemann erinnert sich nur ans Meer.

Er erzählte von Tasmanien, dem südlichen vierzigsten, vom Kap der Guten Hoffnung und den vergessenen Routen vor Beginn der Dampfschiffahrt. Wer fährt da heute noch? Der Wind, nur der Wind über dem Ring freier Meere und unter den Kaps. Ein paar junge Leute gehen da hin, um Ehre und Ruhm zu erlangen; wie's scheint, sammeln sie Plastikflaschen ein. Und dann das Dampfschiff, der Stahl, die Räder und Schiffsschrauben. Er sprach vom Darjeeling, einer Teesorte; sah ihren Anbau auf den Terrassenfeldern des Himalaja: Er hatte sich herumgetrieben während eines unfreiwilligen Aufenthalts, verursacht durch eine der häufigen Schiffshavarien. Zeit gab's genug; fünf Monate dauerte die Reparatur, da die einzig brauchbare Schiffsschraube in Osaka lag. Allein, ständig allein seit Cazaubon, allein, seit sein Fuß die erste schwankende Planke betreten hatte. Von den malaiischen Piraten erzählte er, von den Schmiergeldern, der Korruption und den langen Palavern. Er fragte: Warum gibt es überall auf der Welt so wenige Franzosen? Ich erwiderte: Sie wissen ja, die Emigration ist eine Strafe. Und er: Ich weiß. Sagen Sie mal, die Kerguelen liegen doch nicht so weit südlich wie das Kap Horn – oder? Nein, nicht ganz so weit südlich. Nun ja, Sie können's mir glauben, ich hab's umfahren, das Kap, bei herrlichem Wetter, Windstille und bleiernem Meer; großartige Fernsicht, eine Spazierfahrt. Die Tour danach – das Inferno. Ein brüllendes Tosen, daß nichts mehr zu hören war, wie eine zweite Stille. Verstehen Sie? Eine verrückte Stille jenseits allen Lärms? Ich verstand. Auch ich hatte das schon erfahren.

*

Er machte mir Angst, eines Abends im Sommer, Angst vor der Dürftigkeit der Geschichte. Sie kommen aus Baltimore, fragte er mich? Ja, ich fahr' öfters hin, wegen meiner Arbeit. Er erwähnte manchmal, daß man auswandern müsse, nur um dem Haß der Einheimischen zu entgehen. Er schloß die Augen. Die Sonne verlor sich in den Pinien. Sagen Sie, Baltimore liegt doch am Ende einer langen verwinkelten Bucht, nicht wahr? Gewiß, erwiderte ich, einer sehr schönen, würd' ich meinen. Ich kenne sie nicht – aber sind die Kais noch immer aus Holz? Sie scherzen, Monsieur. Langsam kam er auf die Familie seiner Frau zu sprechen; erzählte von ihrem Großvater, Händler aus Bordeaux, der von Saint-Maló mit einem Segler nach Amerika geschifft war; die Geschichte mit dem Weingeschäft drüben; und wie er sich dabei gelangweilt hatte. Seine Briefe legten darüber Zeugnis ab. Er liebte Musik und vermißte die Konzerte in Bordeaux. Er kehrte zurück und erzählte seiner Enkelin von Baltimore, die diese Darstellung in allem bestätigte. Es war beeindruckend. Eines schönen Abends im August neunzehnhundertsechsundsiebzig lauschte ich aufmerksam dem lebendigen Bericht über die Reise Chateaubriands: dasselbe Schiff, derselbe Hafen, dasselbe Baltimore und auch die gleiche Überfahrt, – überliefert von einem einzigartigen Mittelsmann, allein durchs Hörensagen. Mein alter Kap-Horn-Fahrer und seine Frau kannten weder die Versuchung zum Lügenmärchen noch irgendwelche Literatur. Es war wie die Stimme vom jenseitigen Ufer: zwei Jahrhunderte stürzten zwischen uns ein, in dieser kurzen lebendigen Zeitspanne. Ich weiß, daß ich bald sterben muß, kaum Zeit habe zu lieben, zu atmen, und dennoch glaubte ich die Geschichte – wie das unter meinen Füßen: hart, lang und unzerbrechlich; aber auch flüchtig, haltlos und brüchig. Fast hätte ich Ren, an meiner Seite gesehen, sein Schiff, seine Hoffnungen, den Wettkampf in den Rahen unter dem Beifall an Bord, die schöne junge Schwarze und dieses Lebensgefühl voller Unruhe und Leichtigkeit. Törichtes französischen Scheitern an Amerika!

*

Er trieb sich auch in den Häfen der Levante herum, von Marseilles bis zum Schwarzen Meer, durch Dardanellen und Griechenland. Er kannte sich aus in der Welt, auch im Mittelmeer. Beide liebten wir besonders das orientalische, das fast völlig seinen Bildnern gleicht. Man könnte sagen, es hatte ihnen seine Farbe, seinen Schmutz und auch die Transparenz gegeben. Es gleicht unseren Träumen und Illusionen, unserer verlorenen Antike. Wie ein Koffer mit drei Geheimfächern so hat unser Meer drei Gehäuse: von Gibraltar bis zur Barriere, die von Italien, Sizilien, Tunesien gebildet wird, kurzum, unsere Meer- und Nährmutter, vertraut und alltäglich. Alt auch; Sklavin, wie wir, der Nordbarbaren, Spenderin des anbrechenden Tages. Vorbei an Pantellaria, unserer Großmeermutter, mit ihren vielen göttlichen und vergöttlichten Unter-Gehäusen. Wen bewegte nicht das offene Meer bei Kusadasi, zwischen Ephesus und Milet, Geburtsstätte von Geometrie und Naturwissenschaft, zwischen Samos und Patmos, Spenderinnen von Arithmetik und Apokalypse oder dem Evangelium der Liebe. Was wären wir ohne diesen kleinen Kreis von kaum zwanzigtausend, denen der heilige Paulus seine sogenannten Briefe hinterließ? Ich bin dort oftmals vorbeigekommen, demütig und dankbar, umgeben von dumpfer Indifferenz. Gottseidank, bin ich dorthin zurückgekehrt, inmitten gefühlvoller und intelligenter Menschen. Jenseits von Kreta und Karpathos, welche das griechische Unter-Gehäuse abschließen, liegt unser Urahn, unser Unbewußtes: Dinge, tief in uns verschüttet und vergessen, verkörpert in Nil und Palästina. In Port-Saïd, an einem flimmernd heißen Nachmittag, kletterte irgendein Fakir, gewandt und unbeobachtet, auf das Vorderdeck. Er war nackt bis auf das hoch gesteckte Lendentuch; er zauberte Tauben und Tücher aus seiner Nacktheit, indem er die Blicke aller Matrosen nur auf diese lenkte. Endlich begriff ich das Problem der Erscheinung, die berühmt-berüchtigten Sinnestäuschungen, die in unseren Breiten nur am Rande existieren. Einzig bei den großen orientalischen Wundern hat mich mein Blick getäuscht. Wenn sich die Klippe beim Näherkommen als eine Vielzahl von Minaretten erwies, so geschah dies unter den erstaunten Blikken der Wachen, nicht bei mir. In Paris glaubt man Platon aufs Wort, weil man glaubt, was in Büchern geschrieben steht. Auf dem Land lacht man darüber. Im zweiten Gehäuse glaubt man daran – unmittelbar, im Sommer, wenn der Horizont zu flirren beginnt. Alles klärt sich im dritten, wenn das Phantastische das Wahrnehmbare brutal ersetzt. Ich rede irre.

*

So schipperte er also durchs Mittelmeer, weil er zufällig nach Algier mußte, wo er dann seine Frau traf, an ihrem Piano, auf ihn wartend – zufällig. Ja, die Enkelin des Baltimore-Weinhändlers. Zeit genug, den Kopf unter das Sonnenschirmchen zu stekken und ihr ein Rendevouz zu versprechen, im nächsten Jahr in China, vielleicht mit Hochzeit: inzwischen hatte er als Steuermann in den Fernen Osten angeheuert. Eines schönen Morgens fuhr sie mit dem Dampfer los, um ihn wiederzusehen; ohne eine Ahnung, was sie da unten machen sollte. Antwort: sieben Kinder und die »Grande Dame«. Hier, zwischen den Pinien, war sie stets voller Leben und Schönheit; ich mochte an ihr das Nebeneinander von Starre und Weichheit, jenes fast schon flüchtig Verschwommene – teils Chateaubriand, teils dekadentes Frankreich; zum Frühstück trank sie, wie bei den Ärmsten der Armen, nur warmes Wasser. Sie paßte sich großartig ihrem hohen Alter an.

Nein, sagte sie, niemals hätte ich einen anderen geheiratet als einen Seemann. Dumme Gans, sagte meine Mutter, Seeleute sind nie zu Hause, haben in jedem Hafen ein Mädchen, sind stumm und stur wie Holzklötze, und wenn sie mal ihren Seesack in die Ecke stellen, weiß man nie, wo sie ihre Gedanken und Augen haben. Zu Hause an Land sind sie noch abwesender als in der Zeit des Wartens. Und doch mag ich sie lieber als diese kleinen Haustyrannen, die allabendlich bei der kleinsten Querele ihre Minderwertigkeitsgefühle bestätigten.

Stellen Sie sich vor: Eine Welt, in der alle Männer auf See sind. Welch ein Paradies!... Wir würden einen bißchen die Erde lokkern, Schweine und Gänse füttern, ab und zu Kinder machen und ansonsten Musik. Auf den Schiffen wären die Männer weit genug entfernt, um Haß und Krieg zu vergessen. Und bekämen sie dennoch Lust darauf, so würden sie tief versinken. Der Untergang wäre der Filter des Friedens. Sie wären wie die Bienen, die sterben, wenn sie stechen, weil der Stachel das eigene Gedärm zerreißt.

*

Sie erwähnte einen weiteren Grund, warum sie sich einen Seemann wünschte: Weil es auf dieser Welt keine Ehrlichkeit gäbe; weil sie ohne Chance, unrealisierbar sei; nie gab es einen ehrlichen Menschen. Wenn der Wind bläst, wölbt sich das Segel, Ehrlichkeit ist keine Position des Gleichgewichts, ist nicht lebensfähig; sie beugt sich sogleich und paßt sich der Unehrlichkeit an. Nichts widersteht dem Wind. Und versucht man es, aufrecht, so frischt er abermals auf und schlägt einen nieder. So kommt es, daß die ganze Welt unehrlich wird; es ist ein Gesetz, das keine Ausnahme kennt. Es ist die Position des Gleichgewichts, auf die alles hinausläuft. Nein, ich hab' nie einen ehrlichen Menschen getroffen; einen Heiligen ja, hier und da. Die Heiligkeit versteht es, sich vom Wind erheben zu lassen. Sie ist eine Position des Gleichgewichts, der anderen Seite. So gesehen ist Ehrlichkeit nicht von dieser Welt, so wie das die Heiligkeit sein kann.

Heiligkeit, das ist Loslösung, Ablösung. Seht, wie sie die Taue lösen und die Trosse einholen. Gott befohlen! Sie lösen sich ab, lösen den Schiffsleib vom Land. Sie sind nicht eben zahlreich, auf den paar Planken, und werden bald tanzen – fünftausend Meter über dem Meeresgrund; wie auf die Spitze des Mont Blanc genagelt oder ins Profil des Karakorum. Nein, noch sind sie nicht los. Die ganze komplizierte Takelage, diese Winden, Knoten, Spinner, Haken überall. Zu genau wissen sie, daß all das bei der ersten kräftigen Böe wie ein Spinnengewebe oder ein zerschlissener Fetzen davonfliegen wird. Ein zweites Ablegen, wenn die Trosse der Masten, Rahen und Bäume losgeworfen sind. Gott befohlen! – Ein zweites Mal. Und diesmal zählt es; und auch das nächste und all die anderen Male. Man hört nie auf abzulegen, die Anker zu lichten. Welche der Leinen werde ich heute wohl lösen? Ja, das Fliegen, das ist Heiligkeit.

Ich wünschte mir einen Seemann, allein wegen dieser Bewegung, bei der er sich einzig und allein auf sein Gefühl verläßt, auch wenn er dabei sein Wissen und Können einsetzen muß. Ablösen! Haben Sie schon mal das Horn beim Ankerlichten gehört? Dieses kurze Schluchzen im dichten Dunst des Morgens? Sich lösen vom Kai, vom Hafen, der Stadt, den Mauern, von all dem Hickhack mißgünstig konkurrierender Menschen; sich lösen, wenn die Haut sich vor Kälte zusammenzieht, sich lösen von der Erde und sich dem Wind überlassen. Ich wollte einen Seemann, weil ein Seemann fliegt. Er schwimmt nicht wie ein Fisch oder Ruder – er fliegt. Kommt er an, dann landet er, berührt die Erde, kehrt zurück in den Kreis der Rivalen. Von den Ufern sich lösen, das bedeutet eintreten in den kraftvollen Frieden der Winde. Sie schaute mir ruhig und gerade in die Augen. Ich wollte einen Seemann, einen Heiligen, einen fliegenden Ehemann.

*

Ich will Ihnen von meinem Abenteuer mit den malaiischen Piraten erzählen! Alle rieten mir ab, von den kleinen Linien, den kleinen Booten: Nichts als Schmutz, verlorene Zeit, Diebstahl und Gefahren aller Art. Ich aber fand sie lustig – trotz allem. Nein, ich verachte keineswegs die großen Dampfer, ich bewundere sie. Als ich sah, daß sie verschwinden würden, weinte ich wie um eine verlorene Kultur. Sie waren fabelhaft. Ich erzähl' Ihnen das ein anderes Mal. Eines Sommers also packte ich meine Kinder... Wieviele waren es nur? Auf jeden Fall viele, und schwanger war ich. Nun denn. Anstelle eines großen Liniendampfers nahm ich einen Küstenkutter, der von Hafen zu Hafen fuhr wie ein Milchmann von Tür zu Tür. Es gab keinen Luxus, aber den Kindern gefiel es. Sie konnten überall herumtoben, lärmen und mit den Matrosen spielen; nach einer Woche waren sie die Könige an Bord. Aber wie um mich ins Unrecht zu setzen, brach dann doch noch die Katastrophe herein: Eines schönen Nachmittags enterten Piraten unser Schiff. Ich hatte sie nicht kommen sehen. Sicherlich steckten sie mit unseren Leuten unter einer Decke und teilten mit ihnen Beute und Lösegelder. Sie wirkten nicht eben vertrauenserweckend, mit ihren Lumpen, Waffen und wilden Gesichtern, ihren drohenden Gebärden und ihrem lauten Geschrei.

Nein, nichts von Raub, Gewalt und Notzucht wie in Abenteuerromanen. Ohne zu zögern, stürzten sich die Kinder auf sie, wie bei einem aufregenden und neuen Spiel. Sie hüpften vor Freude beim Anblick ihrer Galgengesichter und Ausstaffierung. Schon hingen sie an ihren Armen, und Schultern, zogen an Gürteln, Halstüchern und Hüten. Der Kleinste hatte einen Säbel gegrapscht und der Rotschopf trompete in ein Gewehr. Ich verspürte einen Anflug der Unentschlossenheit. Einen kurzen Moment lang schwebten die Piraten zwischen Mord und Lachen, Massaker und Laisser-faire, besser noch: zwischen Realem und Imaginärem. Diese fast nackte Kinderschar, die auf ihren Knien ritten, an ihren Waffen hingen, auf ihren Köpfen hockten, verwandelte sie plötzlich in eine lächerliche Operettentruppe. Und sie merkten es, urplötzlich. Sie begriffen, daß alles in diesem ungehemmten Lachen zunichte wurde. Sie verließen das Schiff, verwirrt, beschämt, unter dem lärmenden Geschrei der Kinderschar, die so lange wie möglich ihre Spielzeuge behalten wollten. Unsere Matrosen wagten nicht uns anzuschauen. Wahrhaftig, ein schöner Sieg, einer von denen, die man wohl kaum in Büchern findet. Nie werde ich diesen Tag vergessen! Sehen Sie, da war etwas wirklich Reales passiert? In weit schlimmeren Kämpfen, in Zusammenstößen und Schlägereien, und Gott weiß wieviel eine achtzigjährige Frau wie ich davon gesehen hat, habe ich mir immer eine solch lustige Görenschar vorgestellt, die sich in das Kampfgeschehen einmischt, das ganze Dumm-Theatralische der Kämpfenden nachahmt und so deren Haß und Wut in eine bunte Karnevalsmaske verwandelt.

Oder aber die Ermordung der unschuldigen Kinder, sagte sie, indem sie sich abwandte.

*

Man konnte sie an den Fingern abzählen, die Meere, deren Gischt ihn noch nicht durchnäßt hatte. Der Aralsee, nun gut, und sicherlich auch das Kaspische Meer. Allerdings war ich ihm gegenüber im Vorteil, mit jener kalten Zone nämlich zwischen Spitzbergen und der wandernden Packeisgrenze. Er wollte, daß ich davon erzählte, denn ich war weiter rauf nach Norden gekommen als er runter nach Süden. Die grauen Wolken, das bleierne Meer, wenn das Eis zu driften beginnt, nein, ein Traum oder Märchen, wie man's sich vorstellt, wenn man nicht da war, ist das nun gar nicht. Eher der ganz normale Übergang vom freien Wasser zur festen Eisfläche. Ich schilderte diese spezielle Angst der nördlichen Breiten. Ich kenne eine Angst, die vom Meer definiert wird: eine schwarze und weiße, eine rote und gelbe. Die blaue und grüne Angst ist, wie man sieht, allen Meeren gemeinsam. Er hatte sie eine nach der anderen durchlebt. Auch daran erkennt man den alten Seemann: an der redlich-reduzierten Erinnerung an das Grauen.

*

Neunundneunzig Jahre Kloster für drei Tage Ekstase, das ist der Beruf des Seemanns; aber auch des Bauern, des Schriftstellers und der Verliebten: Die schlichte Heiligkeit des Einsiedlers. Nein! Hundert Jahre Seligkeit. Ich kann nicht mehr zählen.

Trotzdem erinnere ich mich, wie das anfing. Wir hatten mit Schleppnetz gefischt, auf Außenreede, als uns eine olle Trosse aus verrosteten Schlaufen und Gliedern, die da rumlag, zum Ankern nötigte. Wir stoppten vor der riesigen Mündung des Nils, was gut an der Farbe des Wassers erkenntlich war, um die Antriebswelle zu reparieren. Sie klopfte. Man kann sagen, wir waren ziemlich hilflos – seit Dschibuti. Einen halben Tag setzten wir dran, um loszukommen. Bei scharfer Dünung und starkem Wind konnten wir es nicht riskieren, derart festzuliegen. Also, her mit der Axt! Wir verloren unser ganzes Netz, und den Anker dazu. Ein hoher Preis, aber wir mußten weg. Vier Stunden später, bei Anbruch der Nacht, hatten wir Windstärke neun. Um Mitternacht, als ich Wache schob, war sie auf zehn. Ja, das ist der Anfang: eine andere Welt, eine andere Geschichte; von da an waren wir nicht mehr von dieser Welt.

Von der Admiralität wurden wir, Mensch und Fracht, als verschollen geführt. Ja, ich spreche noch immer vom jenseitigen Ufer. Weshalb? Nun, ich glaube bestimmt, daß ich dort geblieben bin, an jenem seltsamen Ort, dort, wohin mich die Umstände getrieben haben...

Nicht mehr von dieser Welt, Ekstase – so ist das mit uns. Warum? Weil ich manchmal über Mauern und Wehre gehe, weil die Planke sich hebt – genau nach oben. Sie endet abrupt und ich fliege. Ich wiege dreißig Tonnen, hundert Tonnen, genauso viel wie das Schiff, wenn alles wie eine Riesenwelle auf mich zurückflutet. Mein Gewicht, gewöhnlich auf festem Boden, sitzend, stehend, im Lauf oder kletternd, ist eine Konstante, die ich kenne. Meine Bewegungen rechnen automatisch damit. Folglich kennt man das Leichtgewicht eines mageren Rekonvaleszenten, weiß, wie sensibel man auf geringste Abweichungen des Körpergewichts reagiert. Wann aber wird es spirituell: Bei skelettgleichen Anachoreten oder feisten Buddhas? Nun denn, mein Gewicht, die Kraft, die bewirkt, daß meine Füße auf der Erde sind, mein Können, meine Behendigkeit, all das ist in jedem Augenblick beliebig variabel, wie zufällig, und reicht vom massiven Druck schwersten Stahls bis zum leichten Abheben einer frei fliegenden Feder: Wonnegefühle. Eine meiner materiellen Unveränderlichkeiten wird zu einer reinen Variablen. Und wenn eine Sache variabel ist, veränderlich in eben diesem Punkt, so ist das gleichbedeutend mit ihrer Annullierung. Stellen Sie sich vor, man könnte das Alter wechseln, alle zwei Minuten: sechzig Jahre, Knabenalter, reifes Alter, Kinderzeit – welch kurioser Rausch. Und wenn sie das wäre, die Ewigkeit? Stellen Sie sich vor, Sie würden Ihre Größe ändern, genauso schnell und radikal: langgliedrig oder korpulent, Riese oder Zwerg – welch eine Märchenwelt wäre das für Sie? Bei schwerer See hält man das Dreidimensionale für das eigentlich Veränderliche: Breite, Höhe, Länge; und in der Tat, es wechselt ständig, wird niedrig, höher, weniger; das, was sich vor allem ändert, ist der Schwerebezug zu den Dingen, der Stützbogen unserer Beine beim Gehen als Tragpfeiler unserer Fundamentierung. Wir sind nicht mehr von dieser Welt, es ist zerbrochen, das Fundament. Ekstase.

Archimedes verließ tropfnaß sein Bad, lief nackt durch die Straßen von Syrakus und schrie: Ich hab es gefunden. Er hatte die Kraft verspürt, die vor dem Ertrinken rettet, die einen schweben läßt, die Spitze, die, undenkbar senkrecht, ans Schlingern gemahnt. Er hatte die einzig wahrhaft wertvolle Idee, die segensreiche des sich bewegenden Wassers. Eine neue Idee dringt von unten nach oben; Archimedes, nackt, fliegt hoch über einem dahingesunkenen Syrakus. Armer Newton! Bedauernswerte Mühsal! Armer Erdenmensch, armer Fußsoldat! Armselige Kraft, die sich erhebt und strauchelt! Unsere Welt, im Vergessen des Wassers, der Erdschwere und des Segens der Meere. Ich schiffe über einer blaugrünen Durchsichtigkeit, sechstausend Meter über dem Erdboden. Vergeßt einen Momentlang das Wasser und seht, wie man fliegt. Archimedes schwamm mehrere Tausend Fuß über dem Grund.

Nein, die Seeleute sind nicht von dieser Welt, das Schiff ist zur Höhe hin aufgespießt an der schwankenden Spitze. Der Bogen der Beine stützt es, vibrierend, gerichtet, gespannt, bereit zum Abflug, zum geistigen. Mein alter Meeresverwandter, festgeklammert im Wipfel seiner Pinie: ein Vogel.

*

Manchmal hat die Mühsal auch etwas Humorvolles: als ich ihn kennenlernte, besaß er ein Versicherungsbüro. Völlig abgebrannt kehrte er von wer weiß woher in das Nest seiner Kindheit zurück, um besser recht als schlecht zu leben. Er langweilte sich nicht in seinem kleinen Versteck, war aber mit einer grandiosen Unfähigkeit für alle Verwaltungsangelegenheiten geschlagen. Es war eine Zeit, wo sich die Parasiten dadurch vermehrten, daß sie die Zwänge der Verwaltung vermehrten. Keiner sah, daß sie auf dieser Welle zu höchster Macht gelangten. Wie so viele war auch er darüber erstaunt, erstaunt auch über den hemmungslose Sucht nach Sicherheit. Man versicherte sich bei ihm gegen schlechte Zeiten, und er unterschrieb diese Verträge ohne ein Zucken seiner meerblauen Augen. Er verkaufte dieses Kabinett der Widersprüche, als die Verluste nach Ansicht seiner Kinder ein vertretbares Maß überschritten hatten. Alles, was ein lebendiger Leib an Beweglichkeit, Spannkraft, Einsatz, Wendigkeit und Anpassungsfähigkeit zu geben vermag, hatte er in achtzig Jahren verausgabt; ihm blieb nur noch das Beständig-Feste, und er machte sich daran, sein unversehrtes Ewigkeitskapital zu verbrauchen. Ich glaube, er besaß davon einen riesigen Vorrat. Nur die, welche durch tausend Meere gepflügt sind, besitzen jene schwerwiegende Fähigkeit der Festigkeit.

*

Eines Morgens verließ er sein Zimmer und bat, ihn mit dem Wagen nach Bordeaux zu bringen. Welch ein Ereignis nach zehn Jahren Zurückgezogenheit. Er wies mit dem Finger auf die Zeitung: dort war für diesen Tag im »Großen Theater« eine Abendveranstaltung für Kap-Horn-Veteranen annonciert. Große Schlagzeilen kündigten ein Orchester, einen Ball, ein Büfett, diverse Künstler und eine große Feier an. Er war ein wenig erstaunt. Als er die drei Kaps umsegelte, war er noch recht jung gewesen; jetzt war er neunzig. Aber, sagte er, es ist ja ein Fest der Hundertjährigen. Alle, die ich kannte, sind gestorben; hielt mich selber schon für einen lebenden Toten. Ich werd's erleben, macht den Wagen fertig! Diesen Abend würde ich vielleicht erfahren, wer jenen Millimeter Quecksilber gesehen und erlebt hatte, der mir fehlt. Stimmte die Geschichte? Welches Schiff war da durchgekommen? Vielleicht würde ich zum Schluß doch noch die Antwort bekommen. Welcher Kapitän? Einer aus Bordeaux vielleicht? Wer weiß ...

An diesem Abend regnete es, erzählte seine Schwiegertochter. Strahlend verließ er diesmal sein Zimmer: Mit seinem weiß gestärkten Kragen, der schwarzen Krawatte und den glänzenden Lackschuhen – nur der etwas abgewetzte marineblaue Anzug roch ein bißchen stark nach Mottenpulver – wirkte er gleich um fünfzehn oder dreißig Jahre jünger. Diese großartigen Alten haben manchmal solche Verjüngungsschübe; ich habe Verliebte gesehen, die fast jugendlich wirkten, schüchtern und zurückhaltend, eher dem Zukünftigen zugewandt. Er hatte sein weißes Kavalierstüchlein parfümiert. Alle in der Familie, die sich vom Tisch erhoben, schien es, als sähen sie ihn zum ersten Mal, als den Auferstandenen. Es regnete während der ganzen Fahrt. Vor den Scheibenwischern, die ein bißchen sangen, der starre Blick, kein Wort, nur sein in sich gekehrtes Lächeln. Er jubilierte, füllte den Raum um sich mit kompakter Freude. Nein, er kehrte nicht einfach zu seiner Jugend zurück, sondern mehr noch, zu seinem Triumph. Man würde ihm Fragen stellen, in Bordeaux, ihn feiern, mit Champagner in der Hand, ihn aushorchen nach den legendären Gewässern. Er allein hatte es so weit gebracht, hatte es geschafft, hatte die unüberwindlichen Wirbelstürme überwunden, er, der einzig Überlebende der nichterzählten Abenteuern, der alle Markierungspunkte außerhalb der Routen kannte, all die Kleinigkeiten, die in keiner Gewässerkunde verzeichnete waren. Und da er alles durchgemacht hatte, war er das lebende Gedächtnis der Welt. Heute abend: die Stunde der Anerkennung, verdientermaßen; stets vorenthalten, nun endlich gekommen.

Der Wagen hielt knapp an den Stufen. Er stieg aus, ging hinauf, leicht und beschwingt. Dann steht er vor dem Eingang. Festbeleuchtung. Man hört draußen die Klänge des Orchesters. Hundert Mädchen mit schlanken Hälsen und langen Kleidern schreiten heiter hinter den hellen Glasscheiben. Die Apotheose in einem Blumenmeer stand bevor. Zwei höfliche junge Leute, rechts und links an der Tür. Monsieur? Guten Abend. Dürfen wir Ihre Karte sehen? Welche Karte? Entschuldigung, mein Herr, Ihre Kap-Horn-Karte! Ich habe keine solche Karte, aber ich bin selber Kap-Horn-Fahrer. Wer sagt uns, ob es sich so verhält, wenn Sie keine Karte haben? Nein, Sie können nicht hinein.

Er ging langsam im Regen die Treppe hinunter.

Wir fuhren nach Hause.

Nein, daran ist er nicht gestorben.

*

Die jungen Leute, die mit ihren Mädchen vom Spaziergang am Meer zurückkehrten, tanzten weiter unter dem langen Spruchband, das entrollt war zum Gedenken und zu Ehren der Kap-Horn-Fahrer.

SUCHENDER

BÄUME DES TODES, BAUM DES LEBENS

Bäume des Todes

Ich träume höchstens ein oder zweimal im Jahr; meine Nächte sind schwarz, meine Tage voll des Sinnes, nie träume ich tagesbezogen; mein täglicher Traum geht ein in Beruf, Handwerk, Arbeit, Goldschmiedekunst. Und doch träumte mir, in einer dieser seltenen Nächte, ich sei in einem Wald, und dieser Wald, so sagt mir die Erinnerung, liege in Indien; ich wanderte zwischen riesigen Bäumen und plötzlich befand ich mich vor einem ungeheuer großen Baumstamm, der sich in der Höhe in unzähligen Ästen verzweigte, die sich alle am Ende zu einem Tier, einem Löwen, Bären oder Leoparden auswuchsen. Dieser Baum war für sich allein schon ein Wald von Tigern, Giraffen, Pandas und Wölfen. Es gab viele kluge und starke Raubkatzen. Das Ende eines jeden Astes ging über in das Rückrat der Bestien. Sie krümmten sich alle ein wenig, aber blieben gefesselt, weil der Leib am Rücken oder Ende mit dem Holz des Baumes identisch war. Es sah schrecken-erregend und abstoßend aus, wie das schlangengeschmückte Haupt der Medusa: der ganze Auswuchs dieses fleischgewordenen brennenden Dornenbusches fauchte, wand, bewegte sich. Die ganze Arche Noah war gleichsam vegetativ über die Säule des riesigen Stammes aus der Erde hervorgebrochen. Es war erschreckend, aber dennoch friedvoll. Es entströmte dieser Pflanze ein Reichtum, eine Sättigung und Fülle, die mich gänzlich durchdrang und ergriff. Selbst Buckel machten diese Katzen. Und es schien mir, als hätte ich schon immer gewußt, daß das Holz des Waldes fleischlich sei, und wenn die Äste sich verzweigen, dies Fleisch wie selbstverständlich seine Art verändern müßte. Diese Vielfalt im geordneten Chaos gab mir ein Gefühl der Beglückung, eine große innere Freude, heiter und friedvoll.

Ich habe diesen Baum niemals vergessen, diesen flammenden, sich wiedergebärenden Strauß des Lebens. Dieses große vegetabile Tier ist der Arten-Baum, der Baum des Lebens; vielleicht hatte ich ihn gefunden, den Baum des Wissens.

*

Ich weiß nicht, ob die Menschheit träumt, – kollektiv; ich weiß nicht, ob es Träume gibt, die wir gemeinsam träumen: Alpträume der Masse, Gruppen-Träume oder den Welt-Traum; lateinisch-antike Träume für jene, die Latein sprechen, jüdische Träume für die jüdische Schrift, französische Träume für die Geschichte Frankreichs. Glaubt ihr denn, daß eine Geschichte, eine Kultur oder eine Sprache in ein gemeinsames Gewebe der Träume geschnitten werden könnte? Jemanden lieben, mit ihm leben – heißt das, die gleiche Geschichte träumen?

Ich habe in meinem Indien-Traum – Nein, ich bin kein Inder! – nie versucht, eine Frucht zu pflücken, einen Ast zu brechen, einen Zweig zu entwenden vom üppig wuchernden Laub meines pflanzlichen Lebewesens. An jedem Punkt wachte eine Raubkatze. Die Hand auszustrecken, war nicht das Problem. Überall Tiere, sich regend und scheinbar schlafend, selig-beglückt, daß sie zurückkehren können zu ihrem Ursprungs-Ast, scheinbar träumend einen Pflanzen-Traum, unbeweglich, manchmal hellauf wachsam. Sie wachten und schliefen, beweglich-unbewegliche Tiere und Pflanzen. Ich stelle mir vor, ihr Baum sei ihr kollektiver Traum. Oder sie selber sind die Erweckung der Baum-Träume; oder mein Traum ist die Summe all ihrer Träume. Aus welcher Wurzel stamme ich – Ich, der Endsproß? Auf welchen Ast bin ich aufgepfropft? Das also ist unsere Kollektivität des Lebens. Gehör ich dazu? – Gehöre ich nicht dazu? Wenn ich die Hand ausstrecke – Ist sie ein weiterer sich krümmender Zweig in der bewegten Krone des Baumes? Diese ausgestreckte Hand – Wird sie ein Zweig sein? Wird meine Hand einen Zweig des Baumes brechen? Oder wird sie, wenn ich sie ausstrecke, als schwaches Zweiglein von einem scharfen Fangzahn zerrissen?

*

Wenn ihr nach Italien fahrt, versäumt nicht, unweit von Rom die Albaner Berge und den Nemi-See aufzusuchen. Dort werden euch die, die es wissen, eine Geschichte erzählen. Am Rande des Sees liegt ein Wald, der in der Antike heilig war. Wer einst diesen Wald durchquerte, sah sich plötzlich einem schreckenerregenden Baum gegenüber. Zu jeder Tageszeit, besonders aber nach Einbruch der Nacht konnte man um diesen Baum herum etwas heimlich verstohlen schleichen und huschen sehen, ein unruhiges Etwas, die Gestalt überspannter Einbildung. Ein alter Mann war da, das blanke Schwert in seiner Faust, rastlos lauernd nach allen Seiten, als erwarte er jeden Moment den Angriff eines Feindes. Dieser unermüdlich wachende Greis ist der Priester des heiligen Waldes. Er ist Priester und Mörder. Der Feind, den er erwartet, jener, vor dem er sich hütet, sich schützt, nicht nachläßt im Wachen, ist der, der ihn töten wird, früher oder später, ist der, der ihn ersetzen wird, in seiner Macht, an seinem Platz, in seinem Priestertum. Kürzlich erst hatte er den Platz um eben diesen Preis erlangt. So lautete die Spielregel dieser heiligen Stätte. Jeder Kandidat muß seinen Vorgänger erschlagen; danach übernimmt er dessen Stellung und bewahrt sie, bis er selbst erschlagen wird von einem, der noch stärker, schöner, fähiger, noch listenreicher ist als er. Er erfreut sich des Königstitels, ist König des Waldes während seiner gefährdeten Statthalterschaft. Hatte je ein gekröntes Haupt schlimmere Träume als dieser? Ein Platz, erlangt durch Mord, durch Mord genommen, durch Mord verloren. Wer ist König? Jener, der seinen gewaltsamen Tod erwartet. Oder der, der den König gewaltsam tötet? Wer will es werden, will König des Waldes sein?

Der, der es sein will, muß vor dem Kampf den Goldenen Zweig erlangen. Streckt sie also aus, die Hand, um den Zweig des Baumes zu brechen. Streckt sie aus und reißt ihn ab! Nehmt ihn euch! Eine wachende Raubkatze, eine bewaffnete Hand, ein umherirrendes Auge, schlaflos bei Tag und bei Nacht, ein fahles traumloses Gesicht!

*

Es heißt, ein Zweig des Baumes sei der Goldene Zweig. Wer diesen Zweig besitzt, ist der Bezwinger des Todes. Wer ihn in der Hand hält, kann hinabsteigen zur Hölle und mit den bleichen Totenschatten sprechen, ohne selbst die Todesblässe fürchten zu müssen. Er besitzt des Lebens Quelle, sein Geheimnis, sein Wesen, Gestalt geworden im Baum des Lebens. Dieser Baum ist Geburt und Wiedergeburt, für die Pflanzen das Keimen, für die Frau das Gebären, Wachstum fürs Lebendige, die Brunst für den Mann, die ungehemmte Freude am Zufälligen. Der Goldene Zweig ist grün selbst im Winter, voller Frühlingshoffen, rot wie der Herbst und golden wie der Sommer. Er ist das gute, das richtige, das einzige Leben, die erste Aussaat des wahren Guten. Seine unauslöschliche hehre Flamme läßt die Schatten ins Schattenreich fallen.

Im Angesicht des Goldenen Zweiges, mit ihm und durch ihn, bekämpft der Priester des heiligen Waldes seinen Gegner – Kampf bis zum Tod. Kein Ende des Kampfes, des wachsamen Lauerns und achtsamen Wachens. Kein Ende von Angst, Spannung, Verletzbarkeit. Der eine lebt nur, um sich zu verteidigen, der andere, um anzugreifen. Sie verbringen ihr Leben mit diesem Todeskampf, erschlagen sich nur, um des Lebens Geheimnis für sich zu bewahren. Es ist, schlicht gesagt, der Lebenskampf.

Das Gesetz des Waldes, das Gesetz des Dschungels, das darin erkennbare Gesetz des Krieges ist die stumme Regel wildlebender Tiere, die geistlos-brutale Regel des Ursprungs der Arten. Gesetz eines Mythos am Ufer des Sees – Traum-Gesetz für Tiere. Der König des Waldes, so heißt es, bewahrt des Lebens Geheimnis und also ist sein Leben ein einziger Todeskampf. Der Todeskampf folglich ist das gesuchte Geheimnis. Was für ein Schwachsinn! Die Welt vergißt, daß die Rivalität allen Dingen die Realität entzieht. Der Kampf ist nicht das Geheimnis des Lebens, er läßt die Totalität der Geheimnisse vergessen, tilgt die Welt, tilgt die Dinge, tilgt die Bäume, tilgt alles, selbst noch das Leben. Das Gesetz des Kampfes läßt an alles glauben, auch an die widersprüchlichsten Dummheiten, daran, daß Lebendiges nur existiere unter dem Gesetz des Todes, und daß es Leben nur gebe durch den Wahnsinn des Tötens; daß es keinen Wunsch gibt außer jener schwankend zerbrechlichen Brücke, die jederzeit über dem Wildbach mörderischer Gewalt zusammenstürzen kann. Leben, wo ist dein Sieg, wenn du immer nur vom Tode lebst? Leben, wo ist dein Geheimnis, wenn es in deiner Unterdrückung endet? Stellt an den Platz des Baumes, wo der König sich schlägt, irgendeine Pappkulisse, er wird sich weiter schlagen; selbst dann noch, wenn die Staffage selbst in Flammen aufgegangen ist. Der Kampf ist folglich das Geheimnis von nichts, oder besser: er ist die Einbeziehung von allem in das Geheimnis. Er ist das Vergessen aller Dinge, das Vergessen unseres Lebens.

*

Baum der Tiere, wachend, schlafend und friedvoll, im indischen Wald, Baum dieser Tiere, die auch meinen Traum träumen – aus welchem Stamm bin ich entsprossen, welcher Ast war meine Wiege? Vielleicht ist dieser Baum der Baum der Gattungen und Verzweigungen, ein Baum der Arten. Er ist der Strauß allen Lebens, der sprießend aufbricht in den Raum. Der Baum der Nacht an den Ufern des Nemi-Sees, er spricht aus dem Dunkel des Mythos vom Ursprung der Arten. Es sind Bäume des Wissens, Bäume der Erkenntnis und des Verkennens. Vielleicht ist dies der Baum des ersten Gartens von Eden.

Ich erkannte ihn wieder, den Priester-Soldat, der in den dunklen Stunden der Nacht lauert und wacht, gleich einer raubgierigen Eule mit starrem Blick und riesig geweiteten Augen von der Mühe nächtlichen Schauens; und Fänge voller Dolche sah ich: Ja, das ist der Priester des Wissens. Dieser Winterkönig der

Erkenntnis und unsicherer Beherrscher einer bestimmten Art des Erkennens hat das Umfeld des Baumes der Wissenschaft von dem Tag an in Besitz genommen, als er seinen Vorgänger zur Strecke brachte, jenen, der eine andere Theorie vertrat. Gelehrter, überlegter, gescheiter und akribischer wie er war, hat er jetzt Verbündete, eine Schule, weitere Stellungen unter anderen Bäumen; ihm gehört der Wald, ihm dient eine Garde, die seinen Rücken bewacht; er schafft sich endlos neue Waffen und überzeugende Argumente – unüberwindliche Argumente, totale Waffen. Er weiß, daß früher oder später ein Nachfolger kommt, der mächtiger, gewitzter, fähiger ist, und ihn zur Strecke bringt.

Der Priester des Sees träumt nur vom Angriff, denkt nur an Verteidigung; er vergißt, daß er das Geheimnis des Lebens wahrt. Der Soldat des Wissens denkt nur an die Stellung, träumt nur von Stärke und den Beziehungen der Macht; er vergißt, was er verteidigen wollte, er hat die Erkenntnis schon lange verloren. Der Kampf bis auf den Tod hat das Leben verloren, Kampf läßt vergessen, worum man kämpft, Kampf ums Wissen läßt Wissen verkommen. Die Rivalitäten rauben den Dingen ihre Realität, nehmen der Wissenschaft ihre Wahrheit. Du, der du für deine Wahrheit kämpfst, besitzt nur noch die Wahrheit des Kampfes. Du, der du für die Erkenntnis kämpfst, hast nur die Erkenntnis des Kampfes. Es gibt bald nur noch eine einzige Wissenschaft: die des Kampfes. Die Wissenschaft der Wissenschaften ist dann nur noch eine umfassende Strategie, und der Raum der Erkenntnis fällt in die Hände der Soldateska.

Das Geheimnis des Goldenen Zweiges ist verloren gegangen. Derjenige, der es hütete, hat es selbst vergessen, vergessen seit Anbeginn, weil er es schützte und verteidigte mit Krallen und Zähnen, mit Waffen und Wachen, mit seiner ganzen Aufmerksamkeit. Mit dem Rücken zum Baum, den Angriff erwartend, Gesicht, Augen und alle Sinne ruhelos gespannt und gewandt dem Gegner entgegen, so bleibt das Geheimnis dahinter verborgen, der Baum verdorrt, für immer den Blicken entzogen. Ebenso verliert sich das Geheimnis des Wissens im Wissen des Streits. Wir haben die Erkenntnis verloren und verlieren sie täglich, wir alle zusammen; wir drehen ihr den Rücken zu, um uns von Angesicht zu Angesicht zu bekämpfen.

Keiner kämpft für das Wissen oder die Wahrheit, alle bekämpfen sich um des Kampfes willen. Allein da ist das Wissen, die einzige Wahrheit.

Der Baum des Lebens stirbt, und der Goldene Zweig ist nichts als ein dürrer Dornenstrauch.

*

Ich kam von weit, aus einem Traum, aus einem Tierreich im indischen Wald, ich kam von Osten, wo die Sonne aufgeht. Ich komme vom Ursprung der Zeiten, aus einem Mythos der Nacht, aus einem Paradies. Was ist geschehen, im Garten zwischen den Meeren, von dem wir niemals mehr Spuren wiederzufinden vermochten? Dort gab es von allem genug. Der Baum des Wissens ist ein verdorrter Baum geworden. Aus einem Traum kam ich, und komme von einem Bild alter Legenden; und weiter geht die Reise, meine Pilgerfahrt, die mich an die Grenze Flanderns führt, und wo ich deutlich vor mir das schwarz-rote Bild des verdorrten Baumes sehe.

Sein Stamm steckt tief im Erdreich, seine zwei Hauptäste öffnen sich gabelförmig und laufen wie in einer Kuppel oder einem Bogen am oberen Ende zusammen; das ganze Baumgeranke formt eine nahezu runde Krone. Kein Blatt, keine Frucht, keine Knospe oder Blüte, kein Freudenzweig, keine sprießende Weide, nicht ein einziger grüner Fleck. Alles ist dunkel, aus dunklem Holz. Das glatt schimmernde Holz, braun auf schwarz, zeigt hier und dort eine rissige Rinde, Wundränder und Narben, alte Blessuren; überall endigt es in harten Dornenspitzen. Der Holzstamm teilt sich, verzweigt und gabelt sich zum Kreuz, zum Marterholz: Das ist der Kreuzesstamm, der verdorrte Baum das Kreuz. Der verdorrte Baum teilt und wölbt sich zum Kranz, zum dürren Dornenbusch, zur Dornenkrone. Bist du dort, gefangen in deiner Idee, wirst du dich nicht rühren können, ohne dich zu verletzen. Der Baum der Erkenntnis ist zum

Buschwerk unverrückbarer und schmerzhafter Ideen geworden. Der verdorrt-versteinerte Baum wartet auf seinen Gekreuzigten, als ob der Schöpfer dieses Bildes verstanden hätte, sich namentlich dort einzuzeichnen.

Nadelgleich die Dornen der Akazie; Weißdorn, bitter-herb und säuerlich; Ecken, scharf und spitz wie Waffen, dürrer Baum, asketisch-herb.[1]

Eine Frau steht aufrecht, mitten im Gerank des Kranzes, rot gekleidet zwischen Dornen, eine Jungfrau-Frau und Jungfrau-Mutter, rote Mutter – rotes Meer von Blut,[2] vergossen, Blick gesenkt.

Madonna im Dornenbaum
(Sammlung Thyssen-Bornemisza, Lugano)

1 Unübersetzbares Wortspiel. Der Autor benutzt an dieser Stelle 15 französische Wörter, die jeweils mit »a« beginnen, entsprechend der gleichen Anzahl gotischer Buchstaben im Dornenbusch des Tafelbildes. Dieses »a« bezeichnet nach frühchristlicher Symbolik das griechische Alpha als Attribut der Göttlichkeit Jesu Christi. Die Zahl 15 hat antik-griechische, z. T. jüdisch-vorchristliche Hintergründe und stellt die Summe der ersten 5 ganzen Zahlen dar (1 + 2 + 3 + 4 + 5 = 15). Das Mittelalter identifizierte diese fünfzehn Buchstaben gleichfalls mit einer Aura aus Erzengeln (mittellat. archangelus) und Engeln (lat. angelus); s. w. u. [Anm. d. Übers.].

2 Wortspiel von mère und mer [Anm. d. Übers.].

Aphroditenerscheinung ohne Geliebten, in einer Zelle anbetungswürdig erhöht durch den Akt der Liebe, in strenger Erwartung sanfter Einigung und hingebungsvoll-ergebenen Empfangens.[3]

Der Prophet Ezechiel spricht: Höret, ihr hohen Bäume, Jahwe erniedrigt den stolz gereckten Baum, führt zu lichter Höhe das elende Bäumchen, den brennenden verdorrten Baum, und lindert seine Trockenheit.[4] Was ist also geschehen im Garten zwischen den Meeren, dessen Spur wir nie mehr wiederfanden? Alles gab's dort zur Genüge. Die Dornen kamen vom Vergleichen, die Trockenheit vom Wunsch nach absoluter Größe, der Verlust des Wissens vom Oben und Unten, Höchsten und Tiefsten, von Erhöhung und Erniedrigung, Alpha und Omega, den Prinzipien des Kampfes.

Ich schaue das Bild und sehe. Das Licht kommt weder vom blutroten Mantel der Jungfrau noch von der allumfassenden Weltenherrschaft, die klein in der kleinen Hand des Kindes ruht, es kommt auch nicht aus der Wiege jenes starren unfruchtbaren Dornenkranzes; es kommt vielmehr von den Erzengeln und Engeln, den unsichtbaren Attributen, die verteilt im Gerank des Baumes wie schwebende »Circumstanzen« die Baumgestalt als wunderbare Linderung umringen.[5] Das Licht kommt von jenen fünfzehn gotischen *A*'s, diesen goldenen Vokalen, die an den Zweigen hängen wie Verdammte oder Girlanden: Haken, Galgen, Hochgericht. Es kommt von jener geringen Schwankung der Initialen, die alle in einem leicht geänderten Winkel zueinander stehen, so daß sie das Licht in vielfacher Helle reflektieren; als ob fünfzehn bewegliche Flächen, Profile oder Ebenen, fünfzehn schwankende Stellungen des zerbrechlichen Astes vibrierten. Durch diese goldenen Buchstaben, diese Initialen-Aura, wird der Baum ein goldener Zweig, wird erneut zum Goldenen Zweig. Er trieft und sprüht vor Licht, erschauert, rührt sich, tönt, verkündet Auferstehung durch seinen Zweig,

---

[3] Wortspiel wie oben; vgl. Anm. 1 [Anm. d. Übers.].
[4] Ezechiel 17,24. Wortspiel wie oben; vgl. Anm. 1 [Anm. d. Übers.]
[5] Wortspiel wie oben; vgl. Anm. 1 [Anm. d. Übers.]

die schmuckbekränzten Palmsonntagszweige, geschwenkt und geschüttelt, wie Glockenspiel klingend, so vervielfältigt er sein klingendes Tönen, sein Strauchwerk, seine gefransten Kaskaden der Schönheit, vervielfältigt so seine goldenen Initialen. Seid gegrüßt, Anna, Maria, Sohn Davids, sei gegrüßt, du heidnischer Zweig des Lebens und Anfangs.

Fast unbemerkt hat der Maler die beiden Bäume übereinandergelegt: den Zweig der neuen Eva und den der Aurora, des vergessenen Mythos. Die zwei Bedeutungen der goldenen Initialen bilden eine einzige Wiedergeburt.

Ich kann Abschied nehmen, denn der grüne Zweig ist zurückgekehrt. Nun kann ich endlich die Unsterblichkeit suchen.

Ich werde westwärts wandern, dort, wo die Sonne im Gold versinkt.

Baum des Lebens

Aufrecht steht der Orant seit viertausend Jahren, die gekrümmten Zweige zum Licht erhoben. Er betet, wenn ich beten richtig verstehe: wachsam, unbeweglich, riesig groß und kolossal.

Vor langer Zeit schon ging ich zu ihm. Zwanzig Jahre meines Lebens träumte ich hier, die Menschheit werde als unsterbliche geboren, der Tod sei nichts weiter als ein Irrtum, dessen Ursprung man nur finden müsse, daß wir nur den bösen Willen auszumerzen brauchten. Unser Übel ist es zu glauben, daß die Zeit nur durch Zerstörung vorwärts geht; daß das Zukünftige jenseits der Ruinen liegt, daß die Kinder jenseits des Grabes der Vorfahren geboren werden. Ist das unausweichlich? Ich sehe keinen Unterschied mehr zwischen den Philosophen, die durch das Werk des Negativen voranschreiten und den Menschenopfern der Azteken, die oben auf ihrer Pyramide dem Opfer das Herz herausreißen, damit die Sonne nicht ihre Bahn verläßt. Auch sie glauben, daß der Tod in der Zeit liegt, daß er der Motor der Welt und der Geschichte ist. Beendet das Opfern und ihr werdet sehen, daß die Sonne auch weiterhin ihrer Bahn folgt. Beendet Zerstörung, Mord und Verwüstung, und die Geschichte wird auch ohne Blutbad friedlich weitergehen. Später dann werden eure Nachkommen nicht mit Verachtung an euch denken. Es war jene Zeit, werden sie zu ihren Kindern sagen, wo unsere Vorfahren, unsere wilden, unter Geschichte ihren eigenen unersättlichen Durst nach Leichen verstanden. Was würde passieren, wenn wir nicht mehr mitarbeiteten am Werk des Todes? Was könnte er ohne uns ausrichten? Was, wenn seine Notwenigkeit nichts anderes wäre als unser Wille? Oder wenn das, was wir für ein Naturgesetz halten, nur eine schlechte Angewohnheit wäre? Daß sie sich verlöre, sobald sie keine Unterstützung mehr fände?

Ich hatte wie gewöhnlich für die Strecke New York – San Francisco das Flugzeug genommen; ich kam von Paris, Richtung Westen. Nichts ist vorteilhafter für die innere Ruhe, Entspannung und konzentrierte Meditation als dieses Eingeschlossensein in zehntausend Meter Höhe über dem Erdboden oder Wasser. In zwei Stunden müßte die Sonne untergehen, doch unsere Geschwindigkeit hält sie am Platz. Der Mond steht im Zenit, ich bin ein wenig nach vorn gesunken, die Stirn am kalten Glas des Doppelfensters. Stille zieht ein in diese weit gespannte Quadratur. Ich bin im Gleichgewicht, festgeklemmt im rechten Winkel, über mir der Mond, wie angehalten, unverrückt das Antlitz der Sonne vor Augen: Josua. Ich höre nicht mehr die Triebwerke, tonlos kommen und gehen Passagiere, irgendwas steht plötzlich still. Ich weiß, ich fliege, losgelöst, ohne mich zu rühren; Getöse, das das Alltagsdasein untermalt, verstummt und läßt durch sein Verschwinden eben diese Gegenwart, die gerad' vergangen ist, hörbar werden. – Ich trete ein in meinen guten Willen. Schrekkensbild: Josua hielt den Lauf der Sonne an, um noch mehr getötete Feinde auf dem Schlachtfeld anzuhäufen, um das Morden zu verlängern und noch ungehemmteres Gemetzel zu entfesseln. Der Friede läßt den Ort des Kampfes sichtbar werden, und, selten wie er ist, die überall zwangsläufige Nutzlosigkeit des Krieges.

Doch die Sonne nimmt ein Ende in ihrem Untergang.

Der Orant, aufrecht, vier Jahrtausend schon, gekrümmte Äste, zum Licht erhoben, wachsam, einzig, Instaurator. Da steht er: gewaltig und erschreckend.

Ich fürchte diese Angst, die meine lateinische Sprache eine religiöse nennt. Aus meinem Schreckensschauer weiß ich, daß dieser gigantische Baum ein heiliger Baum ist. Die Sequoias der Umgebung, teils von gleicher Größe, wirken alle wie ein ganzer Wald – der hier wie ein Tempel. Man sollte vielleicht niederknien. Mein Leib sucht eine Stellung. Das Vertikale dieses Gottes dort verleitet zum Verneigen, zur Proskynese. Ich weiß, der abgesperrte Raum, den niemand betreten darf, der um den Stamm und über das Einzugsgebiet seiner Wurzeln verläuft, ist eine Schutzmaßnahme der Forstverwaltung. Ich weiß aber auch, daß eben dieser Raum die Profanierung entgrenzt. In seiner gottgleichen Gegenwart wird der ganze Wald profan, ich mit eingeschlossen. Da ist einer, verstrickt in eine ungeheure Stille;

zweitausend Jahre schon, als unser Gott von einer Jungfrau geboren wurde; jung war er, unverändert, zwanzig Jahrhunderte alt, als unser Gott die Gesetze des Lebens brach.

Er ist zu monströs, um nicht heilig zu sein. Ich weiß nicht, was ich sage, wenn ich sage: dieser Baum ist heilig. Ich weiß nicht mehr, was er bezeichnet. Ich weiß, ich habe Angst. Doch warum und vor was? Es erscheint mir seltsam, daß er Blätter, Zweige, Wurzeln hat, ungewöhnlich, daß er lebt. Er ist Erinnerung, Vergangenheit, Gedächtnis. Meine innere Angst zwingt mich, eine lang gehütete Erinnerung zu lesen: daß es Leben nur gibt um des Bewahrens willen. Leben ist jenes Unternehmen, das durch die Zeit einen Appell herüberbringt – eine Form, Farben, Eigenschaften, einen Sinn. Der Tiger bringt uns aus der Tiefe der Zeiten, auf seinem Fell, Flecken oder Streifen. Ebenso das Zebra, der Mondfisch, der Pfau, die weibliche Brust. Diese Erinnerungen sind dauerhaft auf andere Weise als bei leblosen Konservierungsmethoden wie derjenigen unserer Schriftzeichen. Kann ich überhaupt einen nicht geschriebenen Text lesen, den Text einer anderen Geschichte, einer Vor-Geschichte, einer anderen Welt, einer Welt vor dieser jetzigen?

Nein, wirst du sagen. Die Angst kommt daher, daß du einmal und zum ersten Mal etwas Lebendiges der Natur gesehen hast. Die rohe Natur gibt es nicht. Keiner sieht sie, fast keiner. Weit muß man reisen, um ihr wiederzubegegnen. Wir sehen das Erlebte einzig und allein durch Arbeit, durch die eigene, durch die unserer Nachbarn und durch die der Fremden. Wir haben das Angesicht der Erde verändert. Seht die Ackerfluren, die endlosen, die modellierten Lösshügel, die genutzten Berge und Täler, die avenuebreiten Einschläge des Nieder- und Hochwaldes: Erträge aus Bruch, Krankheit, Fäulnis und Pest. Das Land ist eh nur eine Art Stadt, ihre Weite voll von Geschichte. Die Natur ist verloren gegangen. Hier nun dieses große Monument des Urwalds, rohes unberührtes Leben. Dies Rohe läßt den Atem stocken, schafft die Angst. Das Heilige ist nichts als die reine Natur. Sieh diesen Geiser des Lebens, fest und aufrecht, der sich losgerissen hatte von einer menschenlosen Welt! Sieh diesen Zeugen einer Erde vor aller Kultur, wo Kraft hervorbrach, ungezügelt-sinnlos. Angst heißt, derart unverhofft Natur zu sehen, unkaschiert durch Arbeit.

Ich kann nicht all jene auslöschen, die vierzig Jahrhunderte lang hier vorbeikamen. Ob hundert Tage Marsch oder Flug, stets haben uns Menschen erwartet. Eine leere Insel ist nichts anderes als menschenleer. Der entlegenste oder exotischste Ort ist nicht zwangsläufig der natürlichste. Nein, dieser Baum ist nicht allein geblieben, er wurde stets begleitet, wie ein Blinder. Nein, diese Welt ist nicht die neue Welt, nicht nackt und unberührt; wir sind es, wir, die Empor- und Neuankömmlinge in einer Welt, die altersgleich mit jener ist, von der wir losgefahren sind. Ich glaube, hier beteten die Vorväter meiner Brüder oder jene verlorenen Ahnen, die von den Vorvätern meiner Brüder verstoßen und verjagt wurden, vielleicht mit der gleichen grausamen Härte wie der meiner eigenen Vorväter vor gar nicht langer Zeit. Wir haben uns das Grauen stets gleich und angemessen zugeteilt. Ich, das Ungeheuer, Sohn eines Ungeheuers, bin ein Bruder der Menschen. Das ist kein Trost. Ich glaube, in jener Zeit waren die Menschen hier ebenso zahlreich wie auf der anderen Seite des Planeten. Ich glaube, daß hier vor viertausend Jahren Menschen diesen heiligen Baum gepflanzt haben. Meine Angst, das erkenne ich deutlich, ist die Angst vor den Menschen, nicht vor den Dingen. Ein Exzeß, eine Verirrung kommt in diesem Baum zum Ausdruck, ein Wahnsinn der Unmäßigkeit – menschliche Verstandeskraft, würde ich sagen. In diesem Baum steckt ein megalomanischer Wahn, dessen irres Lachen deutlich die Spur des Menschlichen verrät. Hört diesen Wahnsinnsschrei in der Stille einer übernatürlichen Dichte! Natur kann solchen Schrecken nicht vermitteln. Sie ist grenzenlos, gewaltig, heftig, aber nicht dämonisch. Ich habe keine Angst vor Stieren, Stürmen und Lawinen, doch bin ich nachts beunruhigt wegen fremder Nachbarn, habe Furcht vor denen, die geschickt zu lügen wissen.

Ich träume. Keinen Schlaftraum, sondern einen Tagtraum: wachsam, hell und kontrolliert – aber unannehmbar.

Ich sehe, wie dieser Baum vor viertausend Jahren von einer Priestergesellschaft gepflanzt wurde. Warum sage ich Magier, Priester; vielleicht hätte ich besser »Wissenschaftler« schreiben sollen. Aber warum Wissenschaftler? Unser gesellschaftliches Erbe ist noch so jung. Was also soll man sagen? Ich spreche mit meinem Erbe, einem zweifellos wahnwitzigen. Leute haben diesen Baum gepflanzt, mit ihren eigenen Händen; er konnte nicht alleine bleiben, allein in freier Natur. Dieser Baum wurde ersonnen, entwickelt, erfunden. Er wurde geformt: modelliert, bearbeitet, berechnet. Heute würden wir sagen: gekreuzt und selektiert. – Ein Mutant. Doch das spielt hier keine Rolle. Wir haben weder dieselbe Wissenschaft, noch dieselben Vorurteile. Was allein zählt, ist die Tatsache, daß er in einer Art Garten gepflanzt wurde, in diesem endlosen geheiligten Territorium, das größer ist als das Tal der Könige oder die bergumsäumte Hochebene in China, die Ruhestätte der Ming-Dynastie. Wichtig ist nur, daß diese Menschen des Aufbruchs, der Menschheitsdämmerung, Ideen geistiger Größe hatten, die das Leben betrafen. Wir haben dieses Wissen verloren, aus dem sie ihre Kultur gestalteten, eine Kultur, die eingeschrieben war in ihre Agrikultur. Seht diesen bewußt geschaffenen Raum, bebaut und geheiligt, kultiviert aufgrund seiner Maßlosigkeit. Die Neuankömmlinge waren zu klein, um darin Maß zu nehmen. Das ganze Tal, das ganze Gebirge, der ganze Wald, das ganze Land, die Erde und Pflanzen sind heilig. Dort suchten sie Unsterblichkeit. Eines Tages, in der niederbrechenden Demut wahrer Intuition, hatten sie diese erdacht.

Sie stießen darauf während eines Umwegs ihrer Suche, bei einer unvermittelten Verzweigung ihrer Weisheit. Sie haben sie gefunden, entwickelt, geformt, gestaltet, berechnet. Ich spreche so, wie meine Sprache es vermag, wie mein Wissen es sich vorstellt. Es gibt kein Wörterbuch für die Übersetzung von eine Kultur, die nach Unsterblichkeit sucht, in eine wie die meine, die den Tod sucht, um die Geschichte voranzutreiben.

Sie suchten im Reich der Flora und Fauna, im unbegrenzt gedehnten Raum. Sie suchten das Einzelwesen, dessen Geduld und Ausdauer selbst den Lauf der Planeten ermüden würde. Tiere sind da ein kurzes Feuer, selbst die langsamsten, einfachsten und kältesten. Sie suchten im Wald. Doch vielleicht waren sie keine Wilden, vielleicht kamen sie nicht aus dem Wald, vielleicht auch, daß sie in den Wald eindrangen, ihn erst geschaffen haben, um das Geheimnis der Unsterblichkeit zu lüften. Sie waren bestrebt, die Geste zeitlosen Bittens, die erhobenen Arme, auch im Wald beizubehalten. Sie suchten den, der auf ewig zu ihren unsterblichen Göttern flehen möchte. Durchdrungen von Demut, suchten sie den, der an ihrer Stelle den Göttern entgegentreten konnte; gleich einem festen Punkt im Zeitenwechsel, gleich einem Ruhepol der Welt, gleich einem unbewegten Rückrat der Geschichte, einem unveränderlichen Halt des Friedens. Sie suchten einfach Gott wie wir. Sie haben ihn gefunden: entwickelt, ersonnen, modelliert, berechnet.

Sie kannten den Raum dieses Baumes. Sie haben geprüft, beobachtet, manipuliert – was weiß ich! Dabei schufen sie Vielseitigkeit, durch die allein die Rinde dem Feuer widerstehen konnte. Unbeschädigt blieb sie in kurzer Blitzschlagprüfung. Der Baum stürzte nicht im Angesicht des donnernden Gottes, wurde nicht zur lodernden Fackel als Antwort auf solch flammende Sprache. Sie hatten diese Vielseitigkeit erarbeitet. Ihr Wissen war gewaltig und ihre Erfahrung unvergleichbar mit der unsrigen. Dann unvermittelt während eines neuerlichen Blitzgewitters erkannte einer von ihnen klar und deutlich das unsterbliche Vielseitigkeitswesen dieses widerständigen Gewächses. Sie haben ihn gepflanzt, voller Bangen, ihren Augen nicht trauend und mit angehaltenem Atem. Ihren Söhnen und Brudersöhnen trugen sie auf, Hüter und Priester jenes Gottes zu sein, der ein Gott dieses Ortes war. Sie starben, einer nach dem anderen, doch der Baum blieb an seinem Platz. Wenn an unserer Stelle ein anderes Lebewesen in nie versiegender Zeit von Angesicht zu Angesicht zum Herrn fleht, so kann man endlich alles vergessen. Man kann sich nackt im Garten ergehen, ohne Angst vor Schlangen.

Ich verfolge nur eine Idee in diesem Traum. Und wenn es wahr wäre? Und wenn die Mutation das unsterbliche Vielseitigkeitswesen einer gegebenen Spezies, einer sterblichen, sichtbar werden ließe? Und wenn sie für jede Spielart existierte? Kurzum, wenn wir, ja, auch wir unsterblich wären?

Wir haben den Tod in diesen Garten getragen, in dieses Festgelage der Unsterblichkeit. Wir kamen wie die todbringenden Wasser der Sintflut und wir ertränkten auch die größten Monumente menschlichen Wissens. Wir haben diese Wälder verwüstet, diese Bäume getötet, den Tod an jene Orte zurückgebracht, vor denen sein Schritt bisher verhielt.

Ich habe Angst – nicht mehr vor ihm, vor seiner gewaltigen und frommen Unbeweglichkeit, sondern vor mir, vor meinem Wissen, vor meiner Kultur und meiner bitter-herben Sprache.

Nein, ich träume ganz und gar nicht. Viertausend Jahre, ich hab' darüber nicht Buch geführt. Geniale Vorfahren haben auch uns Pflanzen und Tiere vererbt, auf dieser Seite der Welt, auf der anderen Hälfte des Planeten. Wenn wir heute Hammel essen, uns in Wolle kleiden, mein Vater Rinder züchtet, wir alle Brot aus Weizen essen, Wein aus Trauben trinken, so geschieht das eben dank ihres unsterblichen Genies. Wir sagen, sie hätten den Ackerbau erfunden, die Kultivierung gewisser Pflanzen, die Domestizierung bestimmter Tiere, niemals aber sagen wir, sie hätten die Unsterblichkeit ersonnen. Dennoch hatten Züchtung und Kultur ungebrochenen Bestand. Der Weizen kehrte niemals mehr zu seiner wilden Vielseitigkeit zurück, deren Kenntnis uns schon längst verloren ging. Weder Lamm noch Hundewelpe laufen, aus dem Bauch der Mutter ausgeschlüpft, ins schützende Gehölz; vergeßlich wurden sie durch unsere Schule. Zum Haus gehörig sind sie von Geburt an; mit uns seit viertausend Jahren; solch Werk ist unabänderlich, obgleich das Wissen dafür längst verloren ging. Wir verstehen es, gelegentlich ein Tier zu dressieren, doch dessen Nachkommenschaft entläuft, entfliegt, entweicht, sobald die Möglichkeit sich bietet. Wir dressieren nur das Tier, nicht sein Genom. Schlimmer noch: wir töten es. Zootiere vermehren sich nur schlecht und selten, fast so als unterdrücke die Nähe dieser neuen Menschen ihre Zeugungsfähigkeit. Wie sehr muß Tod in unserer Menschenart gespeichert sein, daß diese Tiere mit Sterilität geschlagen sind? Als folglich unsere Vorfahren vor vierzig Jahrhunderten die Phylogenese dressierten, haben sie die Spezies für immer domestiziert, die Matrix aller Matrizen geformt. Sie haben ihre Genealogie geweckt, wir hingegen verstehen nur, sie einzuschläfern; sie haben sie zu ihrem Dienst geschaffen, wir indessen können sie nur töten. Es mußte ein erstaunliches Wissen existieren, dessen Spur wir längst verloren haben. Wie war noch das Bouquet der ersten Weinlese Noahs? Das können wir in unseren exakten Sprachen ebenso wenig ausdrücken wie den erstklassigen Geschmack jenes weißen Bordeaux – wohlgemerkt – des letzten Jahres. Wir sind vor diesem Cabernet genauso verlegen wie voll der naiven Angst vor jener riesigen Sequoia. Wir haben die Spuren solcher Dinge verloren, sind nur noch gewöhnt, aufeinander abgestimmte Zeichen wiederzuerkennen. Solche Spuren lassen sich auf den Körpern der Tiere lesen, an der Farbe ihres Gefieders oder an den Merkmalen ihres Felles. Ich träume also, dieses Wissen habe den Tod für null und nichtig gehalten, während wir absurderweise im Geheimnis von Geschlecht und Geschichte den Tod als Motiv des Lebens suchen. Und dennoch, dieses Wissen frei von Tod, ist auch auf uns gekommen: still und leise, gleichsam lautlos durch die Praktiken der Bauern. Vier mal vierzig Generationen schweigender Bauern und Analphabeten, die, verachtet und ausgebeutet bis aufs Blut, dieses Erbe stur und unbeirrt erhalten haben. Die Neuankömmlinge in dieser von ihnen so genannten Neuen Welt massakrierten die Indianer und verdrängten dort ein ekstatisches und vielleicht schon verlorengegangenes Wissen; und die Neuemporkömmlinge meiner Alten Welt zerstörten hier den Bauernstand und mit ihm sein schweigendes Wissen. Wo soll man es jetzt noch dechiffrieren? vielleicht im verzweifelten Blick bestimmter Tiere? Im verschlossenen Blick hinterm Kellerfenster der Sprache, diesem transparenten Gefängnis, das unsere genialen Vorfahren für uns zusammenbauten? Ich träume dieses: Es existiert ein Wissen außerhalb unseres Wissens, das unsere Wissenschaft stillegt und unsere Sprache zunichte macht. Ich sollte vielleicht schweigen. Ich träume: Es scheint mir so, als ziele alles Vernichten auf einen einzigen Sinn. Wir haben Bauernstand und präkolumbianische Kultur nur deshalb vernichtet, weil sie jenes Wissen vom Leben besaßen, das unserem eigenen Hohn spricht und es als todbringend uns vor Augen führt. Ich träume auch dies: Wir haben nicht aufgehört, uns unseres Wissens zu schämen. Es stinkt nach der Fäulnis des Todes. Ich träume von Unsterblichkeit, träume, wie sie geträumt haben.

Nein, ich träume durchaus nicht. Seht her! Viertausend Jahre, von denen wir keine Fasten[6] führten. Geniale Vorfahren, aus dem östlichen Mittelmeer, vererbten uns die Schriftzeichen. Niemals war es uns gelungen, sie zu tilgen. Niemals brachten wir es fertig, sie zu zerstören oder zu verbrennen. Genauso wenig wie das Kalb seine gezäunte Weide vergißt, der Hund seine Knechtschaft aufgibt, die echte Kultur einen guten Tropfen verliert, genauso wenig hat die menschliche Zeit den Buchstaben vergessen, niemals das Bild aufgegeben. Wir sagen, diese Völker haben eine Schrift erfunden, aber niemals sagen wir, sie haben die Unsterblichkeit erfunden. Da, wo dieser Weg eingeschlagen wurde, ging er niemals fehl. Man weiß von keiner Kultur, die ihn zuvor gekannt und dann verloren hätte. Jene, die nichts von ihm wissen, haben ihn auch nie gekannt. Unsere Kultur, meine Kultur, jene, durch die ich das schreibe, was ich am Ufer des Pazifiks schreibe, meine mediterrane Kultur, sie beginnt in Wahrheit mit einem Epos, mit dem Einführungsgesang eines Helden auf der Suche nach Unsterblichkeit. Er jagt und spürt ihr nach, der Unsterblichkeit. Eines schönen Tages, in jenem schlichten niederbrechenden Blitz wahrer Intuition, hatte er sie gefunden. Ja, er hatte sie gefunden, erfunden, gestaltet, modelliert, berechnet, ich weiß nicht was. Tatsache ist, er hat sie geschrieben, und sie ist da, für immer, wie die Sequoia.

---

6 *lat.* fasti = Festkalender; die Gesamtheit offizieller Ereignisse [Anm. d. Übers.]

Die ganze Welt jener Zeit, unter allen Breiten, war, ich weiß nicht warum, besessen vom Wunsch nach Unsterblichkeit. Unfaßbar das Wunder, daß sie diese auch fand. Hier in der ungehemmten Reproduktion von Widder und Bock, dem Veredeln der Traube, dort durch die Liniengravuren in Marmor, in der Sequoia. Der riesige Baum entspricht dem Gilgamesch, unserem Urahn, der Sterblichkeit wollte und sie auch fand. Du Nachfahre seiner mediterranen Suche, ich weiß, daß jener Koloß mit den zum Himmel erhobenen Armen gepflanzt wurde durch einen Traum, der verwandt ist mit seinem, vielleicht auch mit meinem Traum. Der eine wurde unsterblich durch das Geschriebensein, der andere durch das Gepflanztsein. Ist dieses Wissen so wunderbar und gewaltig, daß die ganze Menschheit von Hochmut befallen sich Gott gleichmachen wollte? Und verdanken sie dem Erreichen dieses Wissens, wie es heißt, die Strafe der Sintflut, nach der ihnen die Rebe, die Schrift und ein paar Tiere blieben?

In einem Teil der Welt, zu Zeiten vor der großen Sintflut, wurde ein zum Opfer bestimmter Stier nicht getötet, vielleicht aus Mitleid. Der Stier dankte diese Gnade über hundert Generationen und mehr mit Stillschweigen und treulicher Nähe. Wer war es, der in jener Zeit entschied, die Qual des vorbestimmten Todes für die Spezies der Opfer abzuschaffen? Wer war es, der gedachte, dieses Blutvergießen bis auf unbestimmte Zeiten aufzuschieben?

Wer wird heute diesen friedlichen Gedanken haben, überall das Blut der Menschen zu bewahren? Wem wird diese Liebe zum Menschenleib auf immer eigen sein? Wer wünscht Unsterblichkeit? Wer sucht sie, spürt ihr nach? Wer beginnt bei sich, indem er alles – sein Schuhwerk, seine Wissenschaft, sein Wissen – ins Feuer wirft, um diese zu entdecken?

Die große Welle der Findungen, die den Tod hinter sich ließen, kam in Griechenland zum Stillstand, am Tage des Wunders. Man sagt gemeinhin, unsere griechischen Vorfahren hätten unsere Logik, unsere Geometrie und Genauigkeit erfunden, man sagt aber nie, sie hätten die Unsterblichkeit erfunden. Nun, sie haben sie – buchstäblich – erfunden, geformt, modelliert und berechnet. Überall da, wo der Weg der Mathematizität beschritten wurde, war sie ständig und immer präsent. Sie ließ sich nicht finden und auch nicht verlieren. Sie war da, seit eh und je, wie die Sequoia. Diese Zahl, dieses Dreieck, der Beweis ad absurdum, diese unumstößlichen Invarianten seit Auftreten des Thales und des Pythagoras wuchsen ins Kolossale, zur Identität, so wie sie Form, Dasein, Geradheit, Präsenz und Belaubung des riesigen Baumes hervorbrachten. Nein, das griechische Wunder ist kein Beginn, es ist der Moment, wo ein machtvolles, erfinderisches und unfaßbar intelligentes Wissen verschwand, gleich einer in mediterraner Sintflut versinkenden Sonne. Warum erfinden wir keine dauerhaften Traditionen mehr? Warum stiften wir nur noch Revolutionen, die kaum eine Generation überstehen? Warum enthüllen wir nichts von diesem neuen Wissen, das die Zeit durchquert? Was ging uns verloren, daß wir uns der Geschichte, diesem Todesmythos, überließen?

Ich träume nicht mehr, vielleicht hab' ich nie geträumt. Wir sind wachsame Herren einer grandiosen Wissenschaft. Was, ihr Herren, könnt ihr mir schon über Gemüse und Rinder sagen? Kaum mehr als von der gewaltigen Macht, die den Hochmut der Barbaren bestimmte. Unser Wissen regiert Stadt und Land, Flüsse und Meere, die ganze Bevölkerung. Wir werden bald keinen Platz mehr sehen außerhalb der Vernunft. Wir können Wüsten kultivieren, das Gestein des Mondes sammeln, Signale aus dem Weltraum entschlüsseln, Teilchen spalten und Krankheiten heilen. Aber wir haben auch die Unsterblichkeit erfunden.

Nicht in den Zeichen, nicht für das Dasein des Lebens, sondern im Gegenteil: in den unbelebten Dingen. Der nukleare Abfall, von dem wir nicht wissen wohin damit, wird ganz sicher länger als viertausend Jahre überdauern. Welch krumme Mißgeburt wird hämisch und bis ins Innerste verderbt in vierzig Jahrhunderten diesen Abfall heben und lange vor ihm träumen, wie ich, der ich vor dieser riesigen Sequoia vom Leben träume.

Orant, aufrecht, riesenhafter Wächter, gekrümmte Zweige, zum Licht erhoben. Er betet zu einem Gott des Lebens, den ich niemals kennen werde. Er betet, falls ich je schon wußte, was es heißt, zu beten. Heute vielleicht muß ich vergessen, was es heißt, zu wissen.

FRANZISKANER

EINSATZ, FETISCH, WARE

Da ist er, hockt in seiner Tonne, nackt, schmutzig und schweigsam, zwischen Unrat und Dreck, dort, auf dem öffentlichen Platz, und die Passanten schlagen aus Angst, auf ihn zu treten, einen Bogen um ihn. Er pißt vor aller Augen, ißt mit den Fingern oder vom Boden, was runterfällt: Diogenes, der Clochard, der alles aufgegeben hat.

Ein Hund, denn er lebt wie ein Hund, bellt jene an, die vorbeigehen: Ob stark oder schwach, reich oder arm, Würdenträger oder Münzkopf. Ein Hund, seine Tonne eine Hundehütte, er selber ist raus, hat alles Innenleben aufgegeben: das Innen von Herd und Haus, das wärmende Innen der Gruppe; er hat die Gesellschaft verlassen.

Diogenes hat alles aufgegeben, zweifelt an allem. Er reduziert alles auf das, was es ist, ohne Schein, Diskurs oder Schnörkel. Er verließ das festgefügte Haus, legte das fließende Gewand ab und floh die zähen Beziehungen. Er, der Kyniker, ist nackt, allein in seiner Tonne. Im Angesicht der Sonne, wann immer sie scheint.

*

Glaubt dem Diogenes mehr als all den anderen Vertretern des radikalen Zweifels. Hört nicht auf die, welche behaupten zu zweifeln. Sie haben nicht ihren Mantel verschenkt, weder auf Geld, noch auf ihre Stellung in der Gruppe, ihre kleinen Machtbefugnisse oder gar auf ihren bescheidenen Ruhm verzichtet. Sie entkleiden nur die Worte ihres Schmuckes, trennen nur die Idee von Erlerntem und Vorurteilen, kehren nur im Denken oder im Traum zum ursprünglich Realen zurück. Sie sagen, sie denken, doch was sie tun, ist nichts als Reden.

Diogenes, der Clochard, ist nackt wie Franz von Assisi, hat Hunger wie er, irrt draußen auf Wegen und Plätzen, ißt das, was man ihm hinwirft, friert und schweigt. Er hat keine Behausung, keinen Ofen, hat Kleid und Schuhe ins Feuer geworfen, auf Gold und Werte Verzicht geleistet. Wert und Stellung, ja, sogar die Stellung gab er auf. Er liebte den Frieden, auch wenn er riskierte, durch ihn zu sterben; denn jede Stellung, jeder Platz im sozialen Körper, und sei er noch so bescheiden, wird mit der Schärfe der Waffen erobert. Er hat die Waffen niedergelegt, auf die Stellung verzichtet, den Frieden gesucht und vielleicht auch die Welt geliebt.

Franz von Assisi liebte die Welt. Er redete mit den Blumen, predigte den Vögeln, sprach mit dem Wolf. Lange unterhielt er sich mit dem Wolf von Gubbio. Ich glaube zu wissen, was er ihm sagte, und schreibe es hier auf. Nun, der Wolf, der dem Wolf ein Mensch war, ein Ungeheuer, das andere Wölfe, andere Menschen, verschlang, um sich Platz und Stellung in Gubbio zu verschaffen, in dieser Stadt der Wölfe, also, dieser Wolf verließ langsam die Stadt Gubbio, ohne sich nach Franz umzudrehen, wortlos und ohne Drohung. Seine Wölfin wird weder Zwillinge nähren, noch eine Stadt gründen. Verdorrte Wölfin.

Wenn die Sonne scheint, hockt Diogenes vor der Tonne und wärmt sich an ihren Strahlen. Franz von Assisi singt den Sonnenhymnus. Ich schreibe dazu nach seinem Diktat das Drama.

*

Da ist er in seiner Tonne. Er ist allein, er friert und beobachtet. Dort, auf dem Platz ist er, nicht weit vom öffentlichen Brunnen, wo die Frauen Wasser schöpfen. Eine jede trägt ihren Krug, eine schöne Vase. Sie reden miteinander. Ein Gassenjunge kommt gerannt, schwer atmend schlüpft er zwischen Röcken durch, beugt sich vor zur Brunnenschale, taucht die Hand ein, trinkt aus hohler Hand, trinkt mehrere Male. Diogenes, ein Lachen im Augenwinkel, greift mit dem Arm nach hinten in die Tonne, holt seinen Becher hervor und zerschlägt ihn. Der Junge hatte aus der

Hand getrunken, er brauchte keinen Becher. Der Hund begriff, daß er noch immer im Luxus lebte. Wozu zwischen Mund und Wasser dieses unnütze Hilfsmittel? Unnütz oder gar gefährlich?

Das Wasser ist Wasser in meiner Hand, ist Wasser auf meinen Lippen, ist das Wasser meines Durstes und meines Ergötzens, es ist ein transparentes Wasser. Sobald es in einer Vase, einem Krug oder einem Becher für kurze Zeit zum Stehen kommt, zeigt sich sogleich die Undurchlässigkeit der Gefäßwand. Das Wasser verschwindet, und nur die Vase wird sichtbar. Sie ist aus Stein oder Ton, aus Silber oder Kristall – sie hat einen Wert, einen Preis. Verglichen damit ist Wasser wertlos. Sie ist ein Kelch, ein geheiligter, Wasser bleibt profan. Bald schon werden wir uns schlagen, werden leiden, wegen eines Trinkpokals. Er wird zum Menschenhaß, zur Arroganz der Macht, zum Wahnsinnswettlauf nach dem Kostbarsten. Diogenes verzichtete folgerichtig auf den Becher. Er vergißt, der elende Mensch, daß man Wasser vergöttern, darum kämpfen und verkaufen kann – als rare Ware.

*

Wasser oder Vase, jedes Objekt setzt Beziehungen zwischen uns voraus. Es existiert, verändert und verschwindet mit ihnen. Würde ein Objekt existieren, wenn es nicht von einer Gruppe erkannt, gemacht, benannt oder bewertet wird? Gibt es ein reines Objekt für einen reinen Menschen? Die darin enthaltene Frage ist ebenso grundsätzlich: Kann eine menschliche Gruppe rein für sich existieren, kann überhaupt eine einzige Übereinkunft zwischen Menschen stattfinden ohne die Voraussetzung eines für beide Seiten existierenden Objekts? Kein Objekt ohne Gemeinschaft, keine Gemeinschaft ohne Objekt.

Diogenes hat alles aufgegeben. Er ist allein, ein Hund, der seinen Becher zerbrach. Er löste sich von den Objekten, die Objekte verließen ihn. Diogenes in der Tonne, der Clochard, Franziskaner und Landstreicher, er gab sie auf, die menschlichen Beziehungen – die menschlichen Beziehungen, sie ließen von ihm ab. Er trennte sich von allem, hat alles aufgegeben. Braucht man einen Becher, zum Alleineleben? Braucht man einen Mantel? Friert man beim Alleineleben, im Eiskristall der Einsamkeit? An einem trüben strengen Winterabend, als die Straßenjungen auf dem Platz eine Statue aus Schnee skulptieren, erhob er sich aus seiner Tonne, fantomgleich, ließ den Mantel fallen und ging, nackt, den Platz hinab, trat vor die Statue, verharrte und umarmt sie. Nackt umarmt er diese nackte Statue. Friert er jetzt? Er trinkt das nackte Wasser mit der nackten Hand. Hat er Durst? – Bloß Durst?

Er gab die Dinge auf, die einen Schirm erzeugen vor den Dingen dieser Welt.

*

Der Becher kann verschenkt, der Mantel kann verkauft worden sein; die Dinge haben Wert oder keinen, lassen sich tauschen, mit Gewinn oder Verlust, umsonst oder gegen Geld. Ist der Becher ein Kelch, der Mantel ein Pallium, ist die Vase ein Gral und der Stoff ein Schleier der Tanit, sind es geweihte, anbetungswürdig-geheiligte Dinge, so fallen wir vor ihnen nieder. Mögen die Dinge diesen oder jenen Wert haben, stets kämpfen wir um ihren Besitz, um sie zu tauschen, anzubeten und von neuem zu umkämpfen – selten, um uns daran zu erfreuen. Es gibt keine Dinge ohne diese kollektiven Beziehungen, keine Objekte ohne Kampf, Verehrung, Tausch. Diogenes ließ ab vom Kampf, wählte das Leben, ließ ab von diesem Kampf bis zum Tod, Wolf gegen Wolf. Man läßt ihn, man läßt Diogenes in Frieden.

Er ließ ab von Tausch, Wert, Kauf und Verkauf, Gewinn und Verlust; er ist nicht arm, wenn man reich und arm vergleicht, Franz von Assisi ist nicht arm auf der Ebene von reich und arm, Franz Diogenes von Assisi und Athen hat Wert und Hierarchie zurückgelassen, verließ die Ebenen der Werte, der starken, schwachen, mächtigen und elenden, verließ den Vergleich. Woher kommt das ganze Übel der Welt? Wenn man sich ablöst – so löst man sich nur vom Vergleich.

Diogenes ließ ab vom Kniefall. Fürchtest du nicht, meine Tochter, so sprach er zu einer schönen Frau, die vor den Göttern niederkniete, fürchtest du nicht, meine Tochter, daß ein Gott lüsternd profitiert von seiner Omnipräsenz, seiner Allgegenwart, und genau hinter dir steht, fürchtest du nicht, meine Tochter, die Folgen seiner und deiner Stellung?

Franz ließ ab von dieser Welt um der Welt willen, verzichtete auf Konkurrenz, auf Ruhm und Glück, auf Herrschaft oder Knechtschaft, der unverstellten Wirklichkeit zuliebe. Franz ist Pantheist: Diese Welt ist göttlich, unvergleichlich, objektiv.

Schnee und Wasser, – Sonne.

*

In der Hitze des Kampfes, im Kreislauf des Tausches, auf den Altären der Anbetung sind die Objekte keine Objekte mehr.

Vor dem Marmor des Tabernakels oder der Lade des Alten Bundes sind die Dinge keine Dinge mehr, sondern Fetische. Im Staube des Kampfes wandeln sich die Dinge zum Einsatz, zur Kampftrophäe; an der Börse, in Bank und Geschäften, auf dem Pflaster der »Hallen« und Märkte transsubstituiert der Tausch die Dinge zu Waren. Die Objekte beginnen zu verschwinden, geben vor, als solche nie in Erscheinung getreten zu sein: Seht, wie sie zu Trophäen des Kampfes, zu Fetischen gottesfürchtiger Verehrung, zu Waren des Tausches geworden sind! Ist es das, was uns zum Salz unserer Beziehungen wird? Was wäre unser Leben ohne dies Salz? Was wäre unsere Welt ohne Preis? Ein bloßer Becher hat noch keinen Nutzen, ein bloßer Mantel gleichfalls nicht.

Diogenes, der Kyniker, ließ ab von diesem Preis, leistete Verzicht auf dieses Salz. Friedlich, in Lumpen, allein vor seiner Tonne, meditiert und fragt er, indem er mit der Nacktheit seiner Haut den Nullpunkt aller Nutzung zeigt: Können wir keine anderen Beziehungen schaffen als die des Kampfes, des Tauschs oder der Anbetung? Kann ich ein Ding mit meiner Hand berühren oder mit meinem Blick erfassen, ohne daß dies Ding zu einem Einsatz, einem Fetisch, einer Ware wird?

Es geht der Bericht, Diogenes ziehe am hellichten Tag mit einer brennenden Laterne über den öffentlichen Platz auf der Suche nach einem Menschen. Ein Mensch ist gewiß unmöglich zu finden. Und ich behaupte, daß er ein Ding, ein Objekt suchte, jenes höchst seltene Objekt, das weder Kampftrophäe ist, noch Fetisch der Vergötterung oder Ware eines Tauschprozesses. Er suchte das verlorene Objekt.

Mit der brennenden Laterne in der geballten Faust, unbeirrt in den Straßen irrend und suchend, ist Diogenes ein Vorfahr der Forscher und Wissenschaftler.

*

Da ist er, auf dem Gemeindeplatz, im Dreck: allein und unbeweglich hockt er, meditiert. Alexander der Große kommt vorbei, sein Blick fällt auf die Tonne. Er bleibt stehen, mit seinem Gefolge, seinen Soldaten, seinem Pomp. Inbegriffen: Ordnung, Pferde, Rüstung, Purpur und das ganze Drum und Dran – klirrend bleibt das alles stehen. Die Macht, sie hält sich niemals lange, von Natur aus, ruht nicht, hat Geschäfte, tausendfach, stets da, wo unsereins nicht ist – die Macht, abwesend wie sie ist.

– Was willst du, sag mir deinen Wunsch!? Mein Ruhm und meine Macht geruhen, dir jeden Wunsch zu erfüllen. Die Größe wendet sich herrisch der Niedrigkeit zu. Die Macht, das Weltreich, bieten dem Hund von oben herab alles, wonach ein Hund begierig sein kann.

– Für diesmal, geh mir aus der Sonne! antwortete Franz-Diogenes, der in der Sonne schwitzte. Ich weiß nicht, was mein Leib, mein Kopf sich morgen wünscht, doch jetzt, in diesem einen Augenblick, da weiß ich, daß ein dunkler Schatten meine Knochen plötzlich frieren läßt. Entferne diesen Schatten, deinen Schatten, Alexander, aus der Gegenwart der Sonne!

Zweite Meditation über Niedrigkeit. Zwischen meinem Mund und dem Wasser ein Becher, den ich zerbreche: Ich berühre das Wasser mit meiner Hand und meinen Zähnen. Zwischen meiner Haut und der Statue aus Schnee – mein Mantel; ich werfe ihn von mir, umarme den Schnee – ganz nackt. Zwischen Leib und Sonne trat Alexander und verdeckte sie. Hebe dich hinweg aus meiner Sonne, Alexander! Zwischen meine Aufmerksamkeit und einem Objekt der Welt schiebt sich stets ein Unterbrecher und Sperriegel, ein Becher und Mantel, ein Alexander: ein Schirm. Ein Parasit kommt und setzt sich fest zwischen mir, dem Subjekt, und dem Objekt, dem höchsten Erkenntnisobjekt: der Sonne.

Von der Erde gesehen, ist die Sonne verdeckt durch die Macht, die hoch zu Rosse sitzt.

*

An einem Sonnentag sind meine Augenlichter schwach, armselige Leuchten; im Sonnenlicht verliert mein Blick an Festigkeit, an Kraft, den Schatten zu entfliehen. Welcher Schatten wehrt mir das Sehen, welcher Parasit verhindert, daß ich ohne Unterbrechung in dieser Sonne bade? Diogenes sitzt mitten im Aufriß, mitten im exakten Maß von Schatten und Hindernis; er ist nicht selbst der Geometer, sondern einbegriffen im geometrischen Entwurf.

Den Schatten wirft stets der Große, der König, der hohe Anfangsbuchstabe, das Höchste, das Denkbarste, das Dominanteste, das Bedeutendste, dasjenige, das so groß ist, daß ich immer in seinem Schatten lebe, einem Schatten, der ausgeht von Adel, Macht und Ruhm. Immer! Nicht eben von diesem Fürsten dort, oder jenem Alexander, welcher der Große heißt, sondern von der Höhe als solcher in ihrem Maximum: ausgehend von der tierischen Ebene des Kampfes, von Wert und Erniedrigung, und besonders von jenem, der eben jetzt der Stärkste ist im Spiel der Kräfte, der Glücklichste beim Vergleich der Warenwerte, der Würdigste in der Hierarchie der Verehrungswürdigen. Das Sonnenbild ist der rationale Gedanke des Maximums. Dort, außerhalb des Schattens, ist einzig sichtbar nur die Krone aller Einsätze, der wertvollste aller Fetische, jener, der ein Auge hat auf alle Preise. Wer ein Objekt zu denken oder zu sehen versucht, lebt immer in seinem Schatten – ein Schatten, stets projiziert von etwas Höherem als einer Tonne.

Zwischen Franz von Assisi und die Sonne tritt ein Wolf, ein Wolf vom Land, ein einheimischer Wolf aus Gubbio. In einer Sprache, die man nie kennen wird, hat er zum Wolf gesprochen. Ich höre ihm zu. Zwischen dem Hund und der Sonne steht der König der Wölfe, der Große, im Vergleich zu dem keiner der Wölfe, welche mit Wölfen kämpfen, als größer gedacht werden kann: Alexander der Große. Er kommt vorbei und verhält für einen Moment. Für diesmal, Alexander, geh mir aus der Sonne!

*

Der Größte vereint und übernimmt die parasitäre Verkettung, er allein ist das Netz der Unterbrechungen. Derjenige, der mich blendet, mich meiner Intuition enthebt, der die Erkenntnis verdunkelt oder völlig verdrängt, ist niemals nur Fürst oder Erster, das heißt: Wettkampf, Wettstreit und Rivalität, Nachahmung, Tausch und Selbsterniedrigung. Kultur ist ein ganzes Bündel von Hilfen, um dem Vergleich zu entfliehen; Kultur flieht den Ruhm, bleibt indifferent der Macht gegenüber und ist angeekelt vom Konkurrenzkampf. Kultur, die leben läßt, die sich nicht am Tod erfreut, die der Hierarchie spottet – diese Kultur liegt nie im Trend. Da ist sie, in ihrer Tonne; von dort betrachtet sie – welch ein Jammer! – die tödlichen Konkurrenzspiele der Barbaren. Sie sehen nicht mehr die Dinge, ziehen weder Wissen noch Nutzen aus ihnen, achten nur auf andere, auf größere, sehen nichts als nur noch Einsatz, Fetisch, Ware. Diogenes, der im Schatten Alexanders kauert, scheint daniederzuliegen vor ihm, dem Großen Fetisch. Wir tun nichts weiter, als den auf Geldstücken geprägt Alexander auszutauschen, und begreifen nur das: seine Eroberungen; wir sind wie betäubt und fasziniert von der Größe des Imperiums.

Er also gibt den Dinge ihren Wert, macht sie von nun an interessant. Kein transparentes Wasser mehr, geruchlos und geschmacklos, kein farblos kalter Schnee, auch keine Sonne, die wie selbstverständlich für alle leuchtet. Zunächst mal: einer, der erkennt, weiß, was von Interesse ist. Wir interessieren uns allein für das, was einen solchen Wert besitzt: für Einsatz und Gewinn bei heißen Kämpfen, für Fetische, die unterwürfigen Respekt verlangen, für Ware, die sich im Kreis des Tauschs bewegen. Alles schön und gut. Was aber ist das Interesse? Unsere gelehrte Sprache sagt kurz und bündig: Es ist das, was sich dazwischen befindet, was sich im »Zwischen« situiert. Zwischen mir und wem auch immer residiert das Interesse. Alexander tritt dazwischen, sitzt hoch zu Roß, zwischen Diogenes und Sonne: Er ist interessant. Interessant auch der Becher, zwischen Wasser und Mund: Kelch, Pokal, kostbare Vase, bloße Scherbe; und der Mantel, interessant auch er, wallt zwischen Schnee und Haut: ein Meßgewand, ein Morgenrock – nicht Schnee noch Wasser ändern sich. Interessant die Worte, sie fliegen oder schlafen zwischen uns. Diogenes wirft den Mantel von sich, zerbricht den Becher, schweigt, läßt ab von allen interessanten Dingen. Und den König bittet er: Geh mir aus der Sonne! Was ist der König? Was Alexander? Er ist das interessanteste Objekt, die interessanteste Person der Welt: die Macht ist deshalb so groß, weil sie stets und überall dazwischentritt. Und weil sie das größte ist, gibt es weder einen Ort noch eine Zeit, wo sie nicht dazwischentritt. Die Macht ist folglich das Allerinteressanteste. Diogenes hat ihr entsagt; er bittet den König darum, daß ihn der Strahl der Sonne direkt mit Licht und Wärme überflute. Diogenes will alle Vermittlung streichen. Er überbrückt das Zwischen, löscht die Medien, versucht, aus Hand und Stimme die Parasiten auszutreiben. Er ist, im eigentlichen Sinne, uninteressiert.

Der fundamentale Grundsatz der Erkenntnis ist seine Erfindung. Mit diesem Grundsatz verstehe ich das, was mir gestattet zu sehen. Er sagt: Dinge sehen, Dinge wissen, Wasser, Schnee, Sonne – all das sind uninteressante Dinge. Kultur und Erkenntnis sagen beide dasselbe: dasjenige, was von Interesse ist, ist in Wahrheit ohne Interesse.

Wenn sich die Menschen aus Kultur und Wissenschaft nur noch für das interessieren, was ohne Interesse ist, so könnte es auf unserer Welt Erfindungen regnen in Hülle und Fülle – gratis, pausenlos.

*

Diogenes im Schatten des Königs, Alexander, aufrecht, die Sonne im Rücken. Diogenes sieht die Größe dahinschwinden, es scheint ihm, als steige der Leib des Königs hinab ins Grab, als erhebe sich ein Grabmal dort, wo der König steht, jene gewaltige ägyptische Pyramide, die über der Mumie des Pharaos, des Großen, lagert, die birgt und verbirgt, für immer verschließt, seine Werte, Einsätze und Fetische in Tücher schlägt. Die Sonne leuchtet hinter der Pyramide, als werde sie vom lebendigen Leib Alexanders verstellt. Ein einbalsamierter Toter, eine Statue in ihrem Schrein. Die Sonne erhebt sich hinter dem Pyramidengrab, ja, löst sich vom Grabmal, bricht sich an seiner Spitze, am Scheitelpunkt des perfekten Polyeder. Geblendet von der Sonne, die alles verändert, erkenne ich Diogenes, den Kyniker, nicht wieder; die ganze Szene, obwohl in Ruhe, ändert sich: die Szene bleibt, doch ist es jetzt die Anfangsszene der Geometrie; es ist der Tag und der Ort, an dem Thales die Sonne über die Grabstätte ziehen sah, als er in den Sand jenes allererste Theorem gleichbleibender Formen bei Änderung der Schnittlinien skizzierte: der erste exakte Raum, der erste Auftritt der Wissenschaft. Da, wo die Größe vor die Sonne tritt und der Hund im Schatten bleibt. Wo die Sonne über den Scheitelpunkt der Grabstätte der Könige steigt, und der Weise die Erstentdeckung mathematischer Strenge vom Sand abliest. Thales und Diogenes sind in ein und derselben Szene: die eine ist das Theorem des Thales, die ursprüngliche Entdeckung der Geometrie, die andere ihre Bedingung, das Theorem des Diogenes, die Entdekkung der Erkenntnistheorie: Geh mir aus der Sonne! Laß mich deine Größe, laß mich deine Macht vergessen! Thales tritt auf, um Diogenes zu erweisen, Diogenes ermöglicht Thales.

*

Geh mir aus der Sonne! Da, wo der König ein wenig beiseite tritt, sich abwendet vom Licht und vom Blick, genau da sehe ich das Objekt als eine Sonne, überflutet sie mich mit wohliger Wärme. Erkenntnis ist ohne Größe, ohne Macht und Anbetung, ohne Eroberung und Wertgeltung – anfangs jedenfalls. Erfindung, Intuition und Entdeckung, finden leichthin, ohne Aufwand statt, ohne Gold und Weihrauch – vielleicht auch ohne Ort. Ohne einen Alexander. Wissenschaft ist ein Bad in der Sonne. Alexander steigt hinab ins Grab, indessen auf Erden die Geometrie das Licht der Welt erblickt: von der Sonne geboren, die hinter dem Mausoleum emporsteigt. Die Sonne skizziert Theoreme und graphische Formen in den Sand.

Alexander steigt hinab ins Grab. Aus dem Leichnam des Königs, aus der Mumie des Pharaos erwachsen die Fetische, Waren und Einsätze. Die Mumie selbst ist Fetisch, Einsatz, Ware: die erste Ware, der erste Wert, das erste Gold. Ein primordiales Geld, das nicht stinkt.

Vergessen wir den Leichnam, der mitten unter uns, in nächster Nähe liegt, vergessen wir den Leichnam des Königs, seine Macht, und treten ein ins Sonnenlicht der Erkenntnis.

Lassen wir Fetisch, Statue, Mumie, all die Weihrauchschwaden, das Ruhmesgewölk und Triumphgetöse um den vergöttlichten Alexander.

Lassen wir den Leichnam, vergessen wir den Fetisch. Schließen wir das Grab, damit wir sehen, wie die Sonne Thales umflutet und die Geometrie erfindet. Nun sagt man, wir lebten in allem immer und überall durch den Gott der Schwerkraft. Die Physik indessen erblickte das Licht der Welt gerade durch den Fall und die Bewegung schwerer Körper, banales Phänomen, gering genug, um ein Ort ohne Gott zu sein. Überall sonst belegen Götter die Orte, schirmen sie ab, verhindern das Sehen örtlicher Dinge. Die Geometrie wurde geboren in einem Raum außerhalb des königlichen Schattens, die Mechanik in einer jener seltenen Lücken zwischen den Machtblöcken der Fetische. Ein solcher Riß im Raum war ebenso unwahrscheinlich wie der Raum der Geometrie selbst.

Der Einsatz erlangt das Objekt, die Macht belegt es mit ihrem Schatten, der Fetisch verwandelt es. Laßt ab von Einsätzen und Idolen; erheben wird sich das Objekt, unwiderstehlich, wie die Sonne. Die großen Entdeckungen beginnen.

All die namenlosen griechischen Vorfahren, verjagt aus Wettstreit, Markt und Tempeln, unwiderruflich auch vertrieben von ihren Diskussionen auf der Agora, von ihren Einsätzen und Grundsätzen, mußten nun, aus Überlebensgründen, blind nach einem Raum suchen, der nirgends greifbar, aber doch bevölkert war von phantastischen Objekten. Schließlich legten sie die Hand auf einen ortlosen Ort, auf jenen reinen Raum des logisch-abstrakten Denkens, auf jene vollkommene Utopie außerhalb der Welt, ohne die die Erkenntnis nichts anderes wäre als ein Witz, eine formlose Masse oder Kopie. Gewiß hat keiner diesen fremden unsinnlichen Raum jemals gesehen, berührt oder empfunden, keiner je eine Erfahrung gehabt mit den fremdartigen Objekten, die ihn bevölkern, aber dennoch, ohne all diese und ohne ihn wüßten wir nichts von dieser Welt. Er ist die reine Utopie, und die Objekte der Welt sammeln sich darin.

Wenn jemand einen Raum oder ein Objekt sucht außerhalb der Einwirkung des Grabes, außerhalb der Reichweite von Macht und Ruhm, wenn jemand einen Ort sucht ohne Einsatz, Fetisch oder Ware, – eine Utopie, so würdet ihr ihn einen spinnigen Forscher nennen, der wohl nie eine Welt finden wird, die nicht existiert und bei der keiner je den Raum gesehen hat, in dem sich die Dinge selbst abstrakt versammeln. Und dennoch haben diese namenlosen griechischen Vorfahren sie gesehen. Jene damals und auch wir haben sie gesehen – durch sie und dank ihrer. Wir aber wußten nur, daß wir alles diesem Raum verdankten. Und da sie stets namenlos blieben, wurden sie selbst noch aus dem posthumen Ruhm, der Apotheose, vertrieben. Deshalb vielleicht, weil man sie selbst noch von diesem Ruhm ablöste, legten sie ihre Hand auf eben diese Welt, die Bedingungsform des Erkennens.

Das war die Geburt der Erkenntnis.

Alexander der Große wirft seinen langen Schatten auf Diogenes, den Hund. Die ganze Spanne pomphaft entfalteter Größe taucht die Erkenntnis in den Schatten, hüllt sie gänzlich ein ins Dunkel.

Nach dem großartigen Beginn einer jeden Wissenschaft konnte sich nun jeder bemühen, groß zu werden in der Rangfolge der Erkenntnis. Man sah, wie sie sich formierten, die Alexander des Wissens, und wie das Wissen sich mehrte an Einsatz, Fetisch und Waren. Statt dem Ruhm der Waffen, einem Rang oder dem Golde nachzulaufen, sah man reputierliche, weise Leute dem Ruhm der Erkenntnis nachjagen, und die Wissenschaften abermals von sich aus in den Schatten zurückfallen. Das Zeitalter der Erfindungen war abgeschlossen. Die Wissenschaftler zogen aus ihrer Wissenschaft nur noch gesellschaftlichen Gewinn: Posten, Preise, Anerkennung. Im Stadium der Geburt war ihr Wissen frei von Einsatz, Fetisch und Ware, nun aber waren die Objekte des Wissens davon überladen, das Wissen selbst nichts weiter als die gewöhnliche Welt, diejenige Alexanders. Wissen schafft nicht mehr den besten aller Arbeiter, die Meliorisierung des Subjekts war nicht länger verbunden mit der Entdeckung neuer Objekte, nein, die Wissenschaftler sahen nur ihren Zuwachs an Macht, mithin ihren Schatten. Sie sahen, wie sie wuchsen an Größe und Ruhm, und folglich an Schatten. Sie sahen ihren Zuwachs an Reichtum, Bedeutung und Macht, sahen, wie der riesige Schatten Hiroshimas sich über die Welt ausbreitete. Wie niemals zuvor waren diese mit Dummheit, Arroganz, Eitelkeit, Falschheit, Konkurrenzgehabe und Einfallslosigkeit geschlagen, so wie die volkstümlichen Heldenkönige: und abermals deckt der große Schatten Alexanders die Wissenschaft.

Das Werk meliorisiert den Schaffenden, der das Werk meliorisiert, indem jeder sich seine Bleibe schafft in der Lebenskraft und Größe des anderen. Ein Werk, das den Schaffenden nicht besser macht, ist bloß ein Werk des Todes, ein Schatten, banal wie sein Ruhm, eine Gewohnheitsseuche.

Die Welt ist groß und schön. So schön, daß jener, der sie eine ganze Woche schuf, plötzlich, eines schönen Sonntags, Gott wurde. Er wurde gut vor dieser schönen Welt, in Anerkenntnis seines guten Werkes.

Wäre die Wissenschaft schön und gut, so hätten sich die Wissenschaftler durch die Arbeit an solcher Materie verändert – und zwar unübersehbar. Wären die Wissenschaftler besser geworden, besser als ihr Werk, so wäre das ein Zeichen dafür, daß das Werk gut ist, daß die Wissenschaft außerhalb Alexanders Schatten stände; auch das wäre sichtbar geworden. Wenn diese Änderung nicht stattfand, so deshalb, weil die Wissenschaft weder schön noch gut ist. Vielleicht muß sie erst erfunden werden, und zwar dringend: eine neue Wissenschaft, in der sich die Wissenschaftler meliorisieren.

Nimm ihn fort, deinen Schatten, Alexander!

Anders und bös gesagt: Wenn sich die Epistemologie auf eine Logik des Funktionierens von Methoden reduziert, die sich einer konkreten Soziologie der Konfliktgruppen anpaßt, so ist Wissenschaft nichts anderes als gewöhnlicher Dreck. Alles bei ihr kommt von der Macht, verwandelt sich in Macht, kommt vom Ruhm und verwandelt sich in Ruhm, kommt vom Gold und verwandelt sich in Gold. Die gegenwärtige Wissenschaft, die seit langem die Geheimnisse gelüftet hat, die alten Geheimnisse der Verwandlung, wird einmal mit dem Mantel historischer Scham bedeckt werden, Scham darüber, den falschen Stein der Weisen enthüllt zu haben. Am Ende wandelt sich alles in Gold, das Werk aber bleibt unverändert.

*

Geh mir aus der Sonne! Und solltest du zufällig beiseite treten, so ist die Erkenntnis eine Hymne an die Sonne. Sie besteht darin, schlich und einfach nur den Leib des Königs wegzudrängen.

Wer hat die Macht, den Leib des Königs zu verdrängen? Niemand. Wer könnte Macht über die All-Macht haben? Niemand, der nicht stärker, reicher, würdiger ist als der König, mithin ein anderer König oder wenigstens derselbe. Hat er die ganze Macht, so hat keiner die Macht, ihn wegzuschieben.

Der Gesamtraum besteht allein aus dem Raum Alexanders, der alles durch die Relation der Ordnung verändert. Nicht durch Order, den er ausgibt, sondern durch eine Ordnung, deren höchster Ort er selber ist. Wie aber soll man die ganze Ebene der Ordnung verschieben?

Ich müßte mich dem König widersetzen. Doch wenn ich mich ihm widersetzte, stark oder schwach gegen stark, reich oder arm gegen reich, gemein oder edel gegen Fetisch, stets schlüge ich mein Zelt auf im Raum Alexanders, auf dem Feld des Kampfes, stets würde ich im Sinne ihrer Regeln die Wertbeziehungen und das Ausmaß der Vergötterung bestätigen. Alexander würde folglich auch über mich herrschen, und zwar dadurch, daß mir die Struktur der Ordnung sein Gesetz aufzwänge. Alexander herrscht über alle, eingeschlossen seine Gegner. Ein König, der so mächtig ist, daß er keinen Widerspruch und Widersacher hat. Dem König widersprechen hieße, zum König zu gehören; sich der Macht widersetzen hieße, einzutreten in die Logik der Macht; das Glück herausfordern hieße, der Logik der Zahl nachzugeben; die Götzen zerstören hieße, ins Geheiligte einzutreten. Gewinne ich den Kampf, so verliere ich, weil ich die Beziehung der Ordnung akzeptierte. Verliere ich ihn, verliere ich auch. Ich lagere in einem Raum, der schon geteilt ist in Besiegte und Sieger. Alexander ist wahrhaftig der Große, weil er überall herrscht: von Makedonien bis zum Ganges, auf dem kleinen Gemeindeplatz, im Gesamtraum aus Handlungen, Verhaltensweisen, Unternehmungen und Intentionen.

Katastrophe. Er dringt ein in den Raum, den gesamten, nach Europa und Asien, in den Raum um mich her und in den entfernten. Er besetzt den Raum, den ich selbst besetze, und auch den, den die Sonne besetzt. Das ganze Bild von Alexander und Diogenes, einschließlich der Ränder, ist umflutet von Sonne. Er ist in die Sonne eingedrungen, ist Sonnen-König. Äußerst klug, besetzt er meine Intrigantenseele und meinen Platz; außergewöhnlich als Stratege, erobert er sich die Strahlung, die nukleare Macht der Sonne. Er erobert die Erkenntnis oder alles, was sie an Macht zu geben vermag, indem seine Objekte nach ihrer

Entdeckung erneut zu Einsätzen, Fetischen und Waren werden. Der Leib des Königs ist nicht bloß der königliche Leib als solcher, vielmehr besetzt er auch den ganzen Rauminhalt, einverleibt sich auch den Leib der Sonne. Seit dem Tag von Hiroshima ist der König der Sonnen-König geworden. Er kann mit seiner Hand den solaren Sturm entfesseln. Niemals, niemals mehr wird sich der Sonnen-König aus meiner Sonne entfernen. Als eben dieser, in seinem Leib beschlossen, wäre es unmöglich.

*

Hat man jemals das Wortgedonner Bossuets gemessen? Im Angesicht des Sonnen-Königs, angesichts der absoluten Königswürde, läßt er in hochgestochenen Parolen dem Blitz und Donner Gottes Applaus zuteil werden. Der Blitz fährt dem Sonnen-König zu Füßen. Wer in den Himmeln herrscht, der donnert, von ihm gehen alle Reiche aus, ihm allein gebührt Ruhm, Majestät und Unabhängigkeit, er allein kann sich rühmen, den Königen das Gesetz zu diktieren und ihnen, wenn es IHM gefällt, großartige und schreckliche Lektionen zu erteilen. Ludwig der Große zog sich zurück und duckte sich beim Krachen dieses Blitzes. Die Wissenschaft steht hinter ihm, in der All-Macht und Glorie Gottes. Die Sonne hier unten wird eingehüllt von DEM ganz oben. Der Herr hat seinen Herrn gefunden, die absolute Macht den Kontrapunkt. Im Rücken Alexanders ist die Sonne nicht mehr in seiner Gewalt. Wer kann fortan im Namen eines anderen Blitzes sprechen als dem des vergänglichen? Wer kann mit einen gewaltigen Blitz die entflammte Sonne Hiroshimas ausgleichen? Bossuet, im Angesicht Ludwigs des Großen, entfernte sich aus der Sonne der Gerechtigkeit. Hat man jemals die seltsame Freiheit des Geistes gemessen, die von dieser Inspiration ausging und über sich hinausgetragen wurde? Es ist noch nicht lange her, daß der absolut Größte auf dieser Erde auf die Knie gezwungen wurde, um die wahre Sonne der Wissenschaft und den höchsten Gipfel der Macht erstrahlen zu lassen, daß der Mächtigste öffentlich des Schuldenmachens bezichtigt wurde;

zweifellos wird sich so etwas nicht mehr ereignen. Wir sind nicht mehr im Besitz der All-Macht der anderen Welt, um die Mächte dieser Welt zu bändigen. Letztlich halten diese Mächte in ihren Händen die durch Wissenschaft, Sonnenenergie und solaren Nuklearblitz gelieferte All-Macht. Die Sonne liegt in den Händen der zufälligen, unabsehbaren und unkalkulierbaren Gewalt von Gruppen.

Wer könnte heute den Leib des Sonnen-Königs versetzen? Niemand. Niemand kann die Welt versetzen.

Ich habe einzig die Macht, den Leib des Königs in mir zu bewegen.

*

Alexander durcheilt den Raum von Westen nach Osten, er verändert die Welt durch Schlachten und Siege, Wettstreit und Katastrophen, in Triumphen, Demütigungen, Glück und Gewinn, in Dürftigkeit, lichten Ruhm und Düsternis, in machtvoller Stärke und Schwäche; er zieht durch den Raum die Linien der Ordnung, die Stufen der Hierarchie. Da, wo Alexander vorbeigeht, kann man nur noch gewinnen oder verlieren, den Arm heben oder den Kürzeren ziehen. Orte im Raum, um sein Haupt zu betten? Es bleiben nur solche übertriebener Begeisterung oder demütiger Unterwürfigkeit.

Der gesamte Raum, von der Sonne bis zur Tonne ist erfaßt von dieser Hierarchie. Kein Weg für eigene Wege, kein Weg, um zu entkommen, um sich von ihr zu lösen.

Ich suche einen nichtvorhandenen Ort, ein Vergessen in meinem vom Sonnen-König erfaßten Leib, das Nadelöhr in meiner skalierten Seele, wo ich die Macht hätte den Leib Alexanders zu bewegen.

*

Diesen Ort gibt es nicht.

Die Tradition, auf die ich ziele, die Szene, die ich zitiere, jener Spruch, den der Hund zum König sagt, jener gewaltige Höhenflug der Eloquenz im Angesicht des Sonnen-Königs, all das sind nur panegyrische Schriften des Diogenes. Ihr Menschen, die ihr euch versammelt habt, ihr bewundert die Geschichte, den Hund in der Marmorstatue von Paros, ausgestellt auf einer Säule: er wußte den Großen zu bezwingen, er ist noch größer als er. Er hat ihn herausgefordert, zeigte ihm seine wahre Größe und seinen Dünkel; er verachtete ihn, hat den Großen geschlagen, hat gewonnen. Die Geschichte spricht, und sie spricht einzig vom Sieg des kläffenden Hundes über den mächtigen König: Geh mir aus der Sonne! Meine Sonne und dein kleiner Schatten, Alexander! Und Diogenes sagte dies nur, um Alexander zu besiegen – unter dem Applaus der Agora, der historischen Klassen und philosophischen Lehren. Ich unterstelle diesem Windhund, seine Tonne genau dorthin, auf den Gemeindeplatz, gerollt zu haben, weil er nichts sehnlicher hoffte, als den König, wenn er vorbeikäme, herausfordern zu können: wie eine Spinne, die ihren tödlichen Faden spinnt, um darin die Fliegen zu fangen. Er spielt den Schwachen, um stärker zu sein als die Macht, gibt vor, der Gesellschaft den Rücken zu kehren, nur um dem König schach zu bieten, spielt den Verachtungswürdigen, um sich über den Prinzen erheben zu können.

Alexander weiß es und gibt es zu: Wäre ich nicht Alexander, so wollte ich wohl Diogenes sein, sagt er. Wäre ich nicht König, so wollte ich wohl Philosoph sein. Alexander kennt keine Angst, nicht vor den Persern, noch vor den Medern, weder vor Europa noch vor Asien, nicht vor dem Okzident noch vor dem Orient – er hat Angst davor, ins Netz zu gehen. Er wäre gern Diogenes – nicht Platon oder Aristoteles, die Philosophen im Dienste Philipps oder Dionysios', den Tyrannen von Makedonien oder Sizilien, nein, er gibt Diogenes den Vorzug. Wäre ich nicht im Besitz solcher Macht, wollte ich gern ein Kyniker werden, ein widersetzlicher Philosoph, der zänkisch kläfft. Es ist wahr, den engagierten Philosophen werden Staatsbegräbnisse ausgerichtet, auf die sie, bescheiden im Ruhm, schon vorher verzichtet haben, und man folgt ihnen an die Höfe, die selten nur von den durch sie geschmähten Herrschern Führung fanden. Das bringt Gewinn bei wenigen Strapazen. Sueton besiegte ein Dutzend

Cäsaren, indem er sie der Verachtung seiner Nachwelt überantwortete, und Voltaire machte aus den gekrönten Häuptern ganz Europas bloße Schatten.

Diogenes hat gewonnen. Nein, er hat verloren; Alexander hat gewonnen. Der Hund ist kein Kyniker, er hat auf nichts verzichtet, weder auf Kampf, Wert noch Pose. Er lauert dem König auf, auf dem Feld des Kampfes, da, wo er schach und matt setzen kann. Er gewinnt, doch er gehorcht dem Gesetz des Kampfes, und, weil er gehorcht, verliert er. Fortan gehört er zum Lager Alexanders, da, wo er schon immer residierte: die Tonne steht auf der Agora nur für den Panegyrikus. Diogenes hätte sie auch ins Innerste der Wüste rollen können. Doch der Kyniker ist kein Eremit, kein Anachoret, kein Verlorener auf einer einsamen Insel. Der Hund ist angekettet, der Kyniker an die Leine gelegt. Nein, euer Auge täuscht euch nicht: niedergekauert, vor der Tonne, im großen Schatten Alexanders, demütigt sich der Hund vor dem König, vor der ganzen Hierarchie großer Könige, bis hinauf zur Sonne. Nicht euer Blick, sondern das Ohr ist's, das euch täuscht, die Lektüre dieser Lügenschrift.

Diogenes erfand Waffen der Logik gegen materielle Waffen, die Ironie, Redekunst, Schrift, eine Art Publizität der Rede gegen die Bombe. Seine Drecksuhle ist eine Waffe, und seine Zurückgezogenheit eine Zier. Jener, der gegen den König gewonnen hat, ist nichts anderes als ein lausiger Alexander, ein Schaumschläger, Heuchler und Lügner. Glaubt einem Diogenes nicht mehr als jedem anderen, der den radikalen Zweifel im Munde führt. Er ist Teil der Macht, spielt mit höchsten Einsätzen, verfügt über solare Fetische und kreiert die Werte: Mit dem Zeichen und mit der Sprache.

Er haust auf ewig im Tonnengrab, ohne Sonne, unter dem großen Schatten Alexanders.

*

Antigone steht vor Kreon. Sie wird hinabsteigen ins Grab, durch Politik vernichtet, vom Staat verurteilt, weil sie die ungeschriebenen Gesetze der Liebe verteidigt hat. Nicht für den Haß bin ich geboren, schreit sie, ich bin geboren für die Liebe. Sie hat verloren, sie wird sterben. Ihre Frömmigkeit, ihre Ehrfurcht vor dem toten Bruder läßt sie verlieren. Antigone ist Opfer, ein Opfer der Liebe.

Ich weiß nicht, ob diese Szene einen Ort, eine Zeit hat, möglich. Sicher ist: meist stirbt die Schwäche angesichts der Stärke. Aber ich weiß auch, daß sich dieselbe Szene auf dem Szenarium abspielt, vor dem Parkett, will sagen, im Theater, und das seit mindestens zweitausend Jahren. Antigone verteidigt seit achtundzwanzig Jahrhunderten die Rechte der Liebe gegen Kreon, den Staat, gegen Kreon, den Haß. Wieder einmal an diesem Abend vernehmen wir es, so wie Tausende es tausendfach schon vernahmen, wir Zuschauer des einen Tages, wir Zuhörer der Geschichte, die wir entrüstet sind über Kreon, den abscheulichen, und die wir allesamt uns auf ihn stürzen wollen. Was tut Antigone, die liebende, die fromme? Seit zweitausend Jahren gibt sie diesen Menschen – was er auch seien mag – dem Abscheu der Menge, dem Haß der Leute, den Verwünschungen aller anheim. Die schöne Liebe, die reine Liebe – rechnet nach! Ein kurzer Morgen voller Leidenschaft für zweitausendvierhundert Jahre Rache. Ist sie zur Liebe geboren? An Liebe gestorben? Die Geschichte, will sagen, die Schrift ignoriert erbarmungslos die Verjährung. Auf ewig bleibt Kreon verdammt. So wie Alexander lächerlich wird auf Weisung eines Hundes. Diogenes erlangte Unsterblichkeit durch ein Wort; Alexander mußte Darius und Poros, und eine Menge anderer schlagen, um sie zu erlangen, mußte die Wüsten bis ans Meer des Ostens durchqueren, Diogenes aber gewann sie – mit einem Wort. Antigone hat gewonnen: sie tötet Kreon an jedem Abend, an dem eine Frau den Sophokles spricht.

Antigone hat verloren, sie steigt hinab ins Grab. Antigone hat gewonnen, sie übergibt Kreon unserem Haß. Antigone hat verloren; die Liebe, sie hat die Partie verloren, weil sie eine Partie spielte. Diese Liebe, die allabendlich tötet, muß ein anderer Name für Haß sein. Wieviele vermeintliche Lieben sind somit nichts anderes als verkappter Haß? Vielleicht war Antigone gar nicht zur Liebe geboren, sondern einzig für den Widerstand. Liebe ist nicht das Gegenteil von Haß, Haß ist das Ungeteilt-Ganze der Gegenteile, und das Ungeteilt-Ganze der Partien. Die Partie geht an Kreon und auch Alexander, beide gewinnen und verlieren durch Macht. Das Ungeteilt-Ganze der Partien jedoch fällt an Diogenes und Antigone, denn sie gewinnen für die Dauer der gesamten Geschichte durch den Spieleinsatz von Schrift und Schauspiel.

Wer spielt, wer gewinnt oder verliert, der verliert, verliert aus Gehorsam für die Regeln des Spiels oder ihren Einsatz. Er tritt ein in den attraktiven Raum der Streitereien und unterwirft sich ihm. Kniet nieder, vom schwärmerischen Gehorsam benebelt und eingelullt, vor den Gesetzen der Strategie, des Kampfes und des Sieges!

Diogenes ist der Doppelleib des Königs, Antigone ist erfüllt von Kreon. Sie hat endgültig verloren; durch die Pforte des Haßes ist sie eingetreten ins sonnenlose Grab.

*

Franz von Assisi spricht zum Wolf, Antigone zu Kreon. Diogenes wendet sich an Alexander den Großen, und Bossuet an den Sonnen-König. Es gibt Paare zuhauf in dieser vielfachen Lehrfabel, sie häufen und reihen sich, von Angesicht zu Angesicht, wie im Spiegel. Franz, dem Wolf gegenüber. Hinter dem Wolf und stärker als der Wolf steht Kreon der Politiker, auch er ein Wolf. Doch hinter Kreon steht Alexander der Große, größer als Kreon, der größte aller Politikerwölfe. Die Reihe der Starken steigert sich, wächst im Raum bis zur Sonne. Gegenüber: die Reihe der Schwachen, der immer Schwächeren, demütig am Boden kriechend. Sie setzt die Reihe der Starken fort, die Hierarchie reicht von der Sonne zur Erde, und von der Erde zur Sonne – in senkrecht gerader Linie. Wen von den Schwächeren kann man dem Wolf gegenübersetzen?

Ein Lamm, ein schwaches, blökendes, weißes Lamm – Reihen-anfang der Schwachen, dem Spiegel, dem Wolf gegenüber.

Da steht es, stimmlos fast und zitternd, am Ufer des Baches, vor der klaren Flut. Da steht es am Ufer, dem Rivalen gegenüber, und scheint gegen den Stärkeren anzukämpfen. Das Lamm, das schwache, verliert. Der Wolf schleppt es fort und frißt es im tiefen Wald. Doch dann, die Rache! Jetzt nämlich gewinnt das Lamm.

Wir hören nie auf den Wolf. Doch seine Klage scheint durchaus rechtens: Wir machen ihn schlecht, verleumden ihn, ersparen ihm nicht mal uns selber, die Hirten und Hunde. Er ist allein, wir aber zahlreich: Hirtenfamilien, Hundemeuten, Lämmer zuhauf, dicht umringt von Schafböcken. Die Hunde, die kynischen, kläffen alleine für sich. Doch zahlreicher sind jene, welche die Fabel kennt, die man Kindern erzählt und endlos weiterreicht von Generation zu Generation.

Die Vernunft des Stärkeren, die reine Seele, das Gewand aus jungfräulich-weißer Wolle ist auf seiten des Lammes. Die Vernunft des Stärkeren ist die Vernunft der Hunde, dann weiter: jene der Hirten, der Jäger, der Fabelschreiber, des armen zitternden Opfers, das im tiefen Wald zerrissen wird, schließlich jene der grausamen Fabel, die wiederholt wird des Morgens in der Schule der Vernunft und des Abends im Hause der Klugheit, – jene leicht nachvollziehbare und geschriebene Vernunft, die den Wolf durch die Geschichte hindurch dem Haß ausliefert. Das Lamm hat die Macht, somit auch Schwäche und Unschuld. Der Wolf ist immer der Böse und Sündenbock.

Der Wolf ist das wahre unsichtbare Opfer, während das Lamm das wahre Böse ist. Der wahre Wolf ist das Lamm. Es nimmt jenen Platz ein, der jedwede Kritik unmöglich macht: Reinheit des Wassers, unschuldige Kindheit, Martyrium, arglos-fromm, gewandet in weißer Wolle, auf der die Geschichte und rechte Vernunft geschrieben steht. Von dort gewinnt es unerbittlich, immer schon, seit Fabelzeiten, Fabeldichtern und Rationalisten.

*

Es hat verloren, wird zerfleischt; es hat gewonnen, unausweichlich; es hat verloren, ist nichts als ein gut getarnter Wolf – ein

Wolf, der je stärker umso mehr das Argument der Schwäche auf seiner Seite hat, ein Wolf, der je größer umso mehr den Zustand der Kleinheit einnimmt – ein Gewinner, der je mehr Gewinner umso stärker den Platz des Opfers einnimmt, ein Wolf, der mächtiger ist als alle Wölfe zusammen, und der sie alle, die da Raum und Zeit besetzen, verjährungslos dem Haß der von seinem Bilde faszinierten Masse ausliefert. Denn der Haß der Wissenden, der theoretische Haß derer, die in Szene zu setzen wissen, ist maßlos verglichen mit jenem einfachen und wilden Haß des Wolfes, der seinen Hunger stillt. Jener nun gewinnt die Partie – im Augenblick, durch Zufall und Umstände; er macht Geschichte, vergangene, vergängliche und kontingente, er hält den Spieleinsatz, das Ungeteilt-Ganze der Partien, die Strategie des Gedächtnisses – er ist das Ungeteilt-Ganze des Haßes. Manchmal versucht er, sich Liebe zu nennen, manchmal Vernunft – was auch gelingt. Die beste aller Macht ist die der Vernunft; die Fortführung der Unvernunft mit dauerhafteren Mitteln: mit jenen, die wir Kultur und Wissenschaft nennen, mit jenem Selbstmordstil, der langsamer aber sicherer wirkt als alle Raubtierfänge.

*

Man sagt, Diogenes wünschte, mit dem Gesicht nach unten, zur Erde, begraben zu werden. Irgendwann, so lehrt er, kehren sich Werte und Situationen um, das Untere kehrt sich nach oben, der Herr wird zum Sklaven. Als man ihn als Sklave geradewegs verkaufte und ihm befahl, auf dem Markt lauthals sein Wissen anzupreisen, da soll er geantwortet haben: ich weiß, wie man die Menschen lenkt. Der Sklave versteht es, ein Herr zu sein. Er hat es verstanden, der Herr Alexanders zu sein.

Deutliche Beweise seiner Strategie und nicht seiner Nichtigkeit, wie Platon glaubte. Diogenes spielt den Tiefstapler, in niedriger Lage; er spielt das Opfer, die Moral, den Zensor, überzeugt, daß im nächsten Stich oder Spiel dieser Platz höher steht als der bisher höchste, zumindest aber nicht niedriger.

Das Lamm ist mindestens ebenso grausam wie der Wolf. Obgleich es vom Wolf zerrissen wird, ist es mit einem Übermaß an Rachegefühlen erfüllt, die deutlich werden, wenn es an Zähnen zum Zeigen fehlt: Antigone rächt sich endlos an Kreon, weil die Krone fehlt; Diogenes ist größer oder mindestens genauso groß wie Alexander; am extremsten Hiob, der sich im Unflat mit einer Scherbe seine Geschwüre schabt und sich mit Gott gleichsetzt. Er wendet sich an Gott und spricht mit ihm von Angesicht zu Angesicht. Wir sind am Ende der Ordnungshierarchien: vom Tier am Erdboden bis zur Sonne am Himmel.

*

Ausgehend von der Erde durchläuft die große Stufenleiter der Hierarchie und Größe zuerst das Tier, ehe sie gen Himmel steigt. Der Hund Diogenes liegt mit dem Bauch am Boden und verbellt als Wachhund den Wolf, dem er nichts erspart; der Wolf als Raubtier lauert dem Lamm am Ufer auf, dem Rivalen; das zitternde Lamm, es weiß nicht wie, es kann die Herde nicht verlassen, der Wolf, er streift um Gubbio, die Horde steht gegen die Meute, wenn es um die Herde, ihren Einsatz, geht; da sind zuerst mal Hunde, Wölfe, Lämmer, einzeln und in Gruppen, die Ordnungsebene ist animalisch: keine Fabeln, keine Bilder; Kampf und Fressen, Hierarchie, Respekt und Größe sind tierische Werte, stammen von wilden Tieren, ermuntern das wilde Tier in uns: was vom Tier noch in uns steckt, – ist Politik. Hundeseele und Lykeion, ein Name, der auf den Ort der Wolfsvertreibung Bezug nimmt.

Die Hierarchie geht aus von der Erde und den Bäuchen der Tiere, erhebt sich, steigt auf bis zu uns: Pharaonenmumien im Grabmal, die begrabene Schwester, der zerlumpte Denker, der Mönch, die kleinen Fürsten, die großen Könige, der König der Könige, die Sonne – noch höher, in die wundersame Transzendenz, hinauf zu Gott, zum Allerhöchsten.

Diogenes hat gewonnen, um die Zeit und das stabilisierende Integral der Partien in Besitz zu nehmen. Diogenes hat den

Spieleinsatz der Geschichte gefunden, durch die Schrift, durch das In-Szene-Setzen, durch die Sprache: er übernimmt auch die Macht im Raum. Schaut her! Mit einem Schlag gewinnt er die gesamte Hierarchie, legt die Hand auf die gesamte Spannbreite seiner Ausdehnung. Er ist Kyniker, ein Tier, er wälzt sich am Boden, verkriecht sich in seiner Tonne. Er bleibt an der Wurzel der Hierarchie, bleibt am Boden, verläßt ihn, ist wildes Tier und Hundeseele. Aber auch Mensch; er sucht einen Menschen, doch sein Licht erhellt am hellichten Tage nur ihn; es zeigt, daß Diogenes ein Mensch ist, daß er das Licht seiner Publizität in der Hand hält. Er ist Philosoph und eignet sich die Sonne an. Er spricht zum König wie seinesgleichen, er spricht zum König wie zu seinem Diener, zur Sonne als gehöre sie ihm: meine Sonne! Er ist beinahe König, er geht über die Sonne hinaus.

Und letztendlich ist er Diogenes. Diogenes: das heißt, er ist aus Familie, Stammlinie und gens des Zeus. Diogenes ist aus dem Geschlechte Gottes. Durch seinen Namen ist er der Sohn Gottes.

Er kläfft, er ist ein Mensch; er spricht, und die Sonne gehört ihm; er nennt sich Sohn Gottes und er ist die ganze Hierarchie, vom wilden Tier bis Gott, von der Erde bis zum Himmel, von der Tonne bis zur Sonne. Er hat gewonnen in der Zeit, er hat gewonnen im Raum. Ruhme dem göttlichen Lumpen, dem Sohn Gottes! Was hat ein Alexander der Große da noch für ein Gewicht verglichen mit dem, der alles ist, dessen Familie vom Blitz abstammt und der über der Sonne steht? Alexander ist nur eine lokale Größe, nicht höher als die Sprosse selbst, Diogenes hingegen deckt die ganze Leiter ab.

Die Sonne ist in andere Hände übergegangen. Als der König auf seine Münzen das Sonnenbild prägen läßt, bildet er damit – unwissentlich – das Gesicht des Diogenes, das göttliche Antlitz ab. Die nukleare Macht und das Licht sind nicht mehr in den Händen des Königs; der König hält an, er steigt vom Pferd vor dem Sohne Gottes. Diogenes wußte, den Leib des Sonnen-Königs zu bewegen. Alexander beugt sich herab, und der Hund bleibt spöttisch sitzen. Die ganze hierarchische Ordnung beugt sich vor dem Tier.

Schaut sie euch an, die Gewinner und Besiegten, die Erhobenen und Erniedrigten, angeglichen in Macht und Ruhm: der Hund und der Wolf, Hund der Weise und Wolf der Große – Tiere. Sie besetzen den Raum, den des Faktums der eine, den des Rechts der andere, der eine durch Taktik, der andere durch Strategie, der eine durch große, der andere durch kleine Energien, der eine durch Macht, der andere durch Sprache. Aus der Tiefe der Geschichte kommen Alexander und Diogenes paarweise auf uns, auf ein und derselben Spielkarte, als untrennbare Zwillinge, wie Nut und Feder. Wer steht für den Ruhm des anderen? Wer für dessen Macht?

Die Philosophie, die Weisheit, – sie ist die Entdeckung des Ortes, an dem man Nut und Feder sich vereinen sieht.

Das Lamm ist ein ewiger Wolf, der Wolf ein Sündenbock. Beide kommen sie auf uns aus der Tiefe der Traditionen auf ein und derselben Spielkarte, reziprok oder doppelt? Wer steht für das Renommee des anderen? Antigone, die Königin des Grabes, und Kreon, herzloser Potentat, spielen seit mehr als zweitausend Jahren vor denselben Kulissen ein Spiel, in dem sie sich wechselseitig den Ruhm zuschieben, und blind die Ruinen des zerstörten Thebens vor uns zu verbergen suchen. Singt Hiob nicht zum Ruhme Gottes? Wendet er sich nicht an Gott zum eigenen Ruhme, damit die Kinder, Geschlecht auf Geschlecht, seine Tat besingen?

Die Stufenleiter der Größe krümmt sich langsam. Der Stärkste hier, der Schwächste dort auf der anderen Seite; meist sind sie Zwillinge. Die Stufenleiter formt sich zum Kreis, zum Rund der Manege, zu einer Art Ring oder Fassung mit durchsichtigem Stein, worin das Paar erstarrt und eng verknüpft zu sehen ist – sie, die man getrennt glaubte durch die ganze Weite des Himmels. Die Gerade krümmt sich, und die gegnerischen, die komplementären und reziproken Positionen verknüpfen sich: Reißverschluß-Blitzverschluß.

*

Selig die Schwachen und Armen – so wurde es verkündet auf hohem Berg. Wozu die Höhe? Um dem Niedrigen die Glückseligkeit zu verkünden? Selig die Starken – so wurde es verkündet auf noch höherem Berg, an den Hängen des Hoch-Engadin, auf der Gegenseite des Waagebalkens. Gewiß, manchmal müssen die Starken vor den Schwachen beschützt werden... Die Ordnungsrelation wippt auf der Waage, sie ist nicht vertikal und gerade, sie ist gekrümmt. Was aber tut das Glück mitten in diesem Auf und Ab? Niemand und nichts steigt auf so einem Todesgerüst, nichts als Unglück wäre die Folge.

Vernehmt das Lied Seiner Großmut: Er hat die Hochmütigen und Stolzen vertrieben und die Mächtigen aus ihren Wohnsitzen verjagt; er hat die Demütigen erhöht, die Niedergeschlagenen aufgerichtet, die Hungrigen gespeist, die Reichen in die Nichtigkeit gestürzt.

Ich besinge Ihn und mache Ihn groß, die Macht seines Armes verbreitet sich. Er hat in mir und durch mich Großes vollbracht, Er wandte seinen Blick auf die Kleinheit seiner Dienerin, und nur deshalb erscheint mir von nun an die Gesamtheit so vieler Generationen eine glückliche. Sie hat gewonnen, sie hat den Einsatz der Geschichte gefunden.

Die Großmut bringt die Größe hervor – stellt sie her, baut sie auf. Sie erklimmt sie, mit und von der Kleinheit, mit und von der Knechtschaft aus, so als ob man sie nur füllen könnte durch Entleerung, erhöhen durch Sturz, veredeln durch Schmach. Das Glück lacht nur der, die sich auf mächtigem Arm vom Boden der Dienerschaft erhebt, einem Arm, der zugleich die Stolzen in alle Winde zerstreut. Die Demütige frohlockt, die Potentaten stürzen.

Was aber, wenn es im ganzen Raum nur einen einzigen Ort gäbe. Was aber, wenn sich die ganze räumliche Größe dieser so großen Welt auf jene markanten Punkte auf der Todesleiter reduzierte, auf jener Straße, die gerade scheint und dennoch das Rund einer Manege bildet. Der Raum der Ordnung ist linear und gekrümmt. Der Raum der Relationen zwischen uns ist eine enge

Kreislinie, der Raum der Welt indessen grenzenlos. Der erstere ist folglich überfüllt und überlastet, der zweite leer und frei.

*

Revolte ist ein treffendes Wort, das Bild eines Kreises. Die Revolution schafft eine Kehrtwendung: Das Obere kehrt sich nach unten, das Untere nach oben, die Kleinheit wird zur Größe gebracht, links wird zu rechts, für dies eine Mal sagt das Wort die Sache mit perfekter Geometrie. Nichts ändert sich durch Symmetrie oder Substitution. Welch besonderes Interesse existiert an dem, was so oder so seinen Platz behauptet oder sich demütig das Haupt mit Asche bestreut, wenn Thron und Dreck, mit Gütern Überladene und nach Brot Hungernde trotz allem übrigbleiben? Welches Interesse an einer Bewegung gesteigerter Begeisterung, wenn die Stufenleiter stabil und unverrückbar ist? Welches Interesse an Veränderung, wenn alles unveränderlich ist? Selbst bei einer Schraubendrehung mehr?

Das Großartige beim Großwerden läßt denjenigen unverändert, der sich lieber erniedrigt als sich erhebt. Er wird groß, indem er die Großen zuvor klein macht, – Balance, Schaukelakt. Um groß zu sein, braucht er diese neuen Kleinen, die von ihm Gedemütigten. Derartige Veränderungen oder Austauschverhältnisse sind deutlich sichtbare Bewegungen und Phänomene. Hat man besagte Phänomene erst geschildert, all die vielen mit Namen »Diogenes« und »Antigone«, all die Meuten und die Herden, bleibt als Wesentliches die gekrümmte Stufenleiter, der Kreis der Ordnung und die Invarianten, auf denen diese offensichtlichen Bewegungen stattfinden. Das Wesentliche ist der Ort dieser Verschiebungen.

Wenn die Distanz zwischen zwei Eigennamen Null wird, wenn die Differenz zwischen zwei Namen verschwindet, wenn der Name selbst, der das Paar einführte, sich verliert, weil die Paare sich unbegrenzt vermehren, wenn sich die Veränderungen der Positionen zueinander erstarren, bleibt einzig das Invariante, der rational-stabile Weg, auf dem sich alles bewegt oder zu bewegen scheint, bleibt allein das, vor dem die Phänomene erscheinen: die Relation der Ordnung, als gebogene entlarvt, der älteste Zirkus der Welt.

*

Die Servilität, die aus dem Gehorsam Lust gewinnt, ist der Traum der Herrschaft, nur deshalb leistet sie Folge und nährt sie. Die Herrschaft ihrerseits gewinnt Lust aus dem Gehorsam, folglich aus der Herrschaft selbst. Herr und Sklave schöpfen gemeinsam aus ihrer unheilige Beziehung aus Servilität und Herrschertum, sie halten zusammen wie Nut und Feder, verbunden durch die Schleife gegenseitiger Versorgung; oder: durch ein direkt hergestelltes Gleichgewicht; oder: durch eine deutliche Bewegung, die in der Zeit das Gleichgewicht aufrechterhält. Geblendet von dieser Bewegung, ist nur noch sie erkennbar, so daß sie wie ein Rheostat wirkt; sie hält die Fixierung – ihr Ziel – aufrecht durch Verzicht auf ihr Mittel, auf Macht und Bewegung. Verknüpft durch dieses Feedback, bewegen Herr und Sklave auch in raffinierten Fällen wie Esel oder Maultier dasselbe alte animalische Rad, an das die Tiere miteinander immer schon gebunden waren. Wie haben das Tierische noch nicht hinter uns gelassen: den Hund der Philosophen und den Wolf der Fabeln.

Es scheint, als ruhte die Animalität fest eingebunden in der Erscheinung und festgefügt in den Kreisen seiner je eigenen Relationen: als Politik, und reziprok, als Heraufkunft des Menschen.

*

Der Herr – aber warum noch einmal den Herrn bemühen? – der Herr hat keine Herren, gewiß, nicht einmal Sklaven. Auch keine Schüler. Er bedarf keines Chores, um sein Herrschertum zu besingen. Er hat die Herrschaft über die Dinge. Der Große – aber warum ihn noch groß nennen? – der Große weiß nichts von den Kleinen, die Größe bedarf der Kleinheit nicht. Nur der

Hahn braucht den Hühnerhof. Das Bedürfnis, das ständige Herumäugen, die kleinlichen Egoismen – all das ist die Krankheit der Abhängigkeit, die, ernst genommen, wie eine Droge so zäh und als Hingabe an die Erscheinung ebenso tierisch-dumm ist wie das Bedürfnis des Herrn, über sich selbst hinauszukommen. Um sich davon zu befreien, genügt es, die Größe des Raumes, seine Ausdehnung, die Größe der Erde, des Meeres, der Welt, den Langmut des gelehrten Geistes wiederzuentdecken.

Die Stärke, die freie, durcheilt den Raum, beklagt die Schwäche, nimmt diese aber nicht in Anspruch, um sich stark zu wissen. Die Stärke widersteht der Konkurrenz, entzieht sich der Aggression; die Macht widersteht dem Vergleich, die Größe der Größenordnung, auf daß glücklich werde, wer in einem neuen Raum mit unversehrten Ordnungsrelationen lebt.

*

Die Ordnungsrelation erzeugt die Werte, entfesselt Kriege, sie ist der große Fetisch, die Matrix der Fetische. Sie bestimmt die Einsätze, sie setzt die Preise fest. Sie ist das Überbleibsel animalischer Herrschaft, die Spur des Tieres, das wir waren, in unseren eigenen Gruppen: sie ist prähominid. Wolf, Hund, Lamm, Rudel, Horde, Herde. Der Mensch wurde geboren, indem er auf sie verzichtete. Er wird geboren. Sie ist die Hundeleine des Diogenes. Diogenes liegt bei Alexander an der Leine; Wolf der Große liegt seinerseits an der Leine des Hundes. Der Hund kann nur Mensch werden, indem er sich ablöst, ablöst von der Leine der Ordnung, von der Knute des Vergleichs. Alexander ist noch gar nicht geboren, Diogenes ebensowenig. Sie stecken noch voll in Hundeseele und Lykeion.

Betrachtet lieber die Relationen und weniger das Seiende, lieber das Seiende als die Namen, und lieber die Wege als die Bewegungen. Laßt euch nicht blenden von der Pracht des Königs – denn das ist einfach –, aber ebensowenig von der Tonne des sogenannten Weisen – was weniger einfach ist. Sklave und Herr liegen gemeinsam auf den Knien und beten jene Beziehung an, die beide miteinander verbindet: beweglich, fest, variabel, unveränderlich, je nach Anbetern und ihren Plätzen. Ihr Platz ändert sich, der Ort der Relationen bleibt. Sie sorgen für sie und nähren sie. Sie würden für sie sterben. Sie geben Leib und Blut für diese Kämpfe, die kein anderes Ziel haben, als sie am Leben zu erhalten. Sie ist der monströse Gott, der vom Tod seiner Anhänger lebt. Sie ist der monströse Gott, der als Attribute Zepter und Tonne, Krone und Unflat, Imperium und Wahnsinn hat. Wir opfern ihm unsere Kinder: Die Hunde werfen ihm ihre Welpen zum Fraß vor, und die Wölfe ihre Wolfsbrut.

*

Ich erzählte, ich inszenierte das Stück Diogenes. Da ist er, vor seiner Tonne, ausgestellt, auf öffentlicher Bühne, und wartet. Er wartet auf den Großen, erhofft noch Größeres, erwartet die Sonne, vielleicht auch Gott. Er entwickelt seinen Fall, bereitet ihn zum Drama auf. Er zerbricht den Becher, er trinkt aus der hohlen Hand, vornübergebeugt wie ein Kind an der Quelle. Er läßt seinen Mantel herabgleiten und gibt sich den Schneemassen hin. Wir, die Zuschauer im Schatten des Platzes, wir verstehen und wissen, daß der schmutzige Kyniker die Parasiten vernichtet, daß er sich aller Vermittlungsmedien entäußert. Alexander schreitet vorüber, das Drama erreicht seinen Höhepunkt, Alexander und sein Schatten sind in der Ordnung des zerbrochenen Krugs, des weggeworfenen Mantels, jeglicher Schirme des Gegenstandes, des größten, der Sonne. Weg mit ihm, mit Alexander! Er verhält sich nicht als König. Sei gegrüßt, Sonne!

Im Gegenteil, er verhält sich ganz als König. Die Szenen im Stück vermehren sich, bilden, Implikaten gleich, einen Schatten im Schatten. König Kreon tritt frei variiert im Schatten Alexanders auf, Antigone antwortet aufrecht, davor Diogenes, sitzend; dann der immerwährende Dialog zwischen Stark und Schwach, auf niedrigstem Niveau: der von Lamm und Wolf, auf höchstem: zwischen Hiob am Tiefpunkt seines Unglücks und Gott, der Allmacht selbst. Der Gesamtraum vor der Sonne ist besetzt, die Sonne inbegriffen, Leib und Seele ebenso, auch jener, der das Bad in der Sonne sucht, kurzum: der ganze Rauminhalt ist durchsetzt von der Stufenleiter der Ordnung. Die Sonne ist keine Sonne mehr, kein Gegenstand der Innovation, keine Nova der Erkenntnis – sie ist unwiderruflich und unerbittlich: der Große.

Auf der Stufenleiter, die vertikal und unvermittelt das Szenarium durchläuft, und die das Spektakel von ihrer Höhe aus und durch ihre vielfachen Verschachtelungen versperrt, gewinnt der Schwache, der wie Diogenes oder Antigone mit minimalem Einsatz spielt, der Schwache, der den Gewinnerpart spielt, austauschbar, aber beständig, der auf dieser Bühne eben diese Partie spielt, – dieser Schwache ist es, der letztlich gewinnt, und zwar keineswegs im abgeschlossenen Raum des Schauspiels, sondern im Gesamtraum zeitlicher Folge. Sieg! Denn alle haben gewonnen. Alexander gewinnt im lokalen Sinne: vom Mittelmeer bis an den Indus; Diogenes indessen gewinnt vom Standpunkt jener kleinen Szene aus im globalen Sinne. Der Spieleinsatz geht an das Lamm, den Hund, an die Antigone. Der Spieleinsatz, er liefert erst Geschichte: die Mutter, den Bruder, all die Deinen, omnes generationes. Das Ganze war kein Kampf, keine Treffen, sondern Teilung des Ruhms, Teilung in den Erniedrigungsruhm, den langwährenden, und den Erhöhungsruhm, den kurzwährenden. Da steht er, die Augen gesenkt, seine Lilie in den gefalteten Hände, sittsam-bescheiden, wie abwesend, eine Statue auf einer Säule, einer gigantischen, und öffnet einen der größten Tempel der Erde. Morgen, durch Zufall, werden ihn die Ikonoklasten niederreißen. Sollten wir nicht niederknien vor solcher Selbsterniedrigung, solcher Abwesenheit – vor dem weißen Lamm oder dem gezeichneten Hiob.

Nein, das ist nicht die Jakobsleiter, gerade, senkrecht, hierarchisch, die den Himmel am Zenit berührt, nein, sie ist ein Kreis, eine Kreislinie, deren Krümmung unkenntlich bleibt. Nein, keine dieser hochgelegenen Höhen, die den Wolf vom Lamm trennt, Kreon von Antigone, den König vom Hund, kein reines Wasser, das sie optisch vervielfältigt. Sie ist ein Gefüge – einfach oder komplex, beweglich oder stabil, das zusammenknüpft durch schnellen und ausgeglichenen Wechsel: Sieg und Niederlage, Gewinner und Herren, Geistiges und Materielles, die angeblichen Verlierer dauerhafter Siege, Könige und Denker des Ruhmes, blutrünstige Wölfe, Lämmer, getränkt mit Milch und Bitterkeit, all die Gestalten des Szenariums im Raum desselben Stückes, der glänzende Inhalt der Aufführung.

Seht dieses Amphitheater, die runde Manege. Ich spreche hier nicht Akt für Akt, nicht unter dem Diktat von Drama, Komödie, Tragödie: Geschichten unter anderen, gespielte Fabeln. Ich schreibe und beschreibe, unter diesem selbigen Diktat, die langsame Konstitution des Theater-Raums, seine dauerhafte Abgeschlossenheit, jenen Raum der Relativität, der sich als gekrümmter eben dort enthüllt, wo jeder einzig vertikale Hierarchien sieht. Dieses Theater zeigt sich heute wohl entworfen, einer architektonischen Blaupause gleich: örtlich gerade Linien, doch insgesamt gekrümmt, an Einzelpunkten aufgeknüpft. Reiche und Elende, Mächtige und minder Geachtete, aufgereiht auf Geraden und Kolumnen, jeder Platz ein Einsatz, der sich auszahlt, der Eindruck macht. Obere und untere Klassen, Pöbel und Adel, sie alle sind betroffen und einbegriffen im Feld der Macht, unter den Statuen der Fetische, im Rund der Manege, in der Klammer aus Preis, Gebot und Schmeichelei. Wer die Sprossen der Ordnung hinab- oder hinaufsteigt, besteigt gleichsam das Podium, den öffentlichen Platz, wo Diogenes haust, Tag um Tag, Nacht um Nacht, unerschütterlich die Position haltend, in der Gewißheit, gesehen zu werden, da, wo Alexander vorbeischreiten wird, in der Gewißheit einer Macht, die das Geschehen von unten nach oben kehrt. Der von den Kraftlinien der Ordnung durchsetzte Raum breitet sich über die Szene, durchdringt sie ganz, schließt sich, dank ihrer, und sie, die sich schließt, dank seiner. Erdrückende Einschließung durch Nut und Feder, zeitlich stabil durch Feedback-Zirkel: banaler Gesellschaftszirkus – Zirkus der Erkenntnis.

Auf solche Weise formt sich die geschlossene Gesellschaft. Könnt ihr Öffnungen erkennen?

*

Der Zirkus fasziniert die Existenzen, kreist sie ein mit ihren Relationen. Da sieht das Auge nur noch jene Verbindungen, die diese einen. Manegenklamauk übertönt den Lärm der Welt. Selbst der Himmel, an der Decke, ist gemalt. Die Repräsentation, angefüllt vom Netzwerk der Bezüge und Verkettung, ist entleert von Gegenständen. Das Theater läßt nur das im Rund rotieren, was als Relation im Netzwerk gilt; es kennt nur Einsatz, Fetisch, Ware. Wir sind die Höhlenmenschen unserer Gesellschaft. Die Gruppe schließt sich ab und ignoriert die Welt. Sie kennt nur, was sie produziert: Repräsentationen. Die Politik bedarf der Welt nicht mehr. Die Philosophen geben keine Kunde mehr von ihr, hausen ebenfalls im Zirkus, bewohnen weder Erde noch das Meer, weder Wald noch Sonne; eingeschlossen, hocken sie verkeilt im Letternwald von Sprache und Vertrag, schließen sich ab in der Höhle der Medien, der Grotte der Politik, im Brunnenloch der Repräsentationen, im Setzkasten der Buchstaben. Selbst jene, die es wissen, die Neues zu erdenken suchen, steigen hinab zur Senkgrube, wo Wissenschaft Politik betreibt. Wie lange schon löschen wir die Welt, diese unsere altehrwürdig Notwendigkeit, dieses Einmaligkeitsobjekt? Der Philosoph bedarf der Welt nicht mehr, er nimmt nicht teil an der Erfahrung. Er haust im Graben seiner Bücherflucht und seiner Schrift.

*

Dieser Einschluß ist dauerhafter, als man glaubt, weil er das Ganze unserer Relationen ist. Seine Solidität ist unüberwindlicher. Als Beweis sei angeführt, daß im Falle, wo die Erhaltung des Zustands und seine Sicherung auf Dauer mit der Entscheidung erkauft werden müßte, Meer und Erde als Ganzes zu zerstören, niemand in diesem Zirkus auch nur eine Sekunde zögern würde, es zu tun. Lieber sterben, als die Bewegung der Einsätze, das Theater der Kämpfe oder die Serienherstellung von Fetischen und die Zirkulation der Waren zu beenden; lieber die Welt zunichte machen, als den Zirkus-Einschluß aufzulockern. Da die Welt mit ihrer Unterdrückung nicht mehr vorhanden ist, fahren wir also fort, uns im vergänglichen Höhlenkomfort von Relationen benebeln zu lassen. Damit sind wir am Kernpunkt der Lehrfabel, am Scheitelpunkt des Heute, – am Wendepunkt unserer Suche: Wir haben uns entschieden, lieber die Welt zu zerstören, als das Amphitheater der Gladiatoren durch ein Ensemble eigener Beziehungen zu verändern; wir haben uns entschlossen, die Welt zu zerstören, um damit jenen zerstören zu können, der uns zu zerstören sucht: Zwillinge, durch Feedback verwachsen, greifbare Eskalation und Zirkel der Geschichte. Letzte Tragödie im ältesten Theater der Welt. Alle Tragödien hatten zum Ziel, den Zirkus zu erhalten und zu stärken, damit er uns, sabbernd und willfährig, in seinen Mauern einschließen kann.

Wir bleiben in diesem Theater, während draußen die nukleare Sonne die Erde verwüstet.

Die Erde des Bauer, seinen Himmel, das Meer der Kap-Horn-Fahrer, ihre Winde, die Wälder der Irrungen, ihr hohes Wissen.

Die letzte Tragödie, die uns einem neuen Wissen öffnen sollte.

*

Um im Theater zu wohnen, muß man um Plätze kämpfen. Plätze sind rar; der Zirkus wurde gebaut und geformt allein, um diese Rarheit herzustellen. Ich selber ließ Starke und Schwache, Sonne und Schatten wuchern und wachsen. Nun seht ihr vierzigmal Diogenes in vierzig Tonnen, dicht gedrängt auf dem Gemeindeplatz – warten auf Godot! Wieviel Streit des Elends steht da an, welch Schlacht der Lumpen, welch grandiose Theologiedebatte! Von vierzig Godots, Göttern und Sonnen-Königen, kennen wir seit jeher den Krieg. Der Kampf ist das Dauerspektakel des Theaters, die Definition jeglichen Platzes, die Verwüstung des Raumes. Er wird begleitet vom Spruch, daß er der Vater aller Dinge sei, daß alle Dinge und die Geschichte aus der Kampfbereitschaft erwachsen – aus einem Schub an Publizität, einem Mehr an Einschließung.

Der Durchzug des Reiterheeres kann das Wasser versiegen lassen, das Stampfen der Streiter die Ernte zerstören, die Bombe die Welt vernichten, der öffentliche Meinungsstreit kann alte Esel mit neuem Geschirr schmücken und die Gemeinschaft bis zur Blutleere schwächen, die wissenschaftliche Polemik kann mit ihrem Getöse neue Ideen verstellen und am Entstehen hindern, die vulgäre Schlägerei kann die Schönheit töten, während jeder derweil den Spruch auf der Zunge hat, daß der Krieg der Vater und der Kampf die Mutter aller Dinge ist. Der Verlust der Welt bringt kein Erwachen aus dem Schlaf des Kampfes, aus der Droge der Repräsentation. Schade für die Welt!

Raus aus dem Malstrom! Aus dem Schwarzen Loch, in das sich die Gruppe zurückzieht, wo der Raum sich rar macht, die Objekte verschwinden, das Wissen trügt. Doch das kann Leben und Glauben kosten. Drin zu bleiben bedeutet, die Welt zu verspielen. Schade um die Welt! Nicht schade um mich!

Raus! Die Anker gelichtet! Hinter Ackerfurchen verschwinden! Sich auf die Suche machen! Verwundet, verstört, benommen, voller Verzweiflung, langsam im Schwemmlandboden versinken, über Ebenen und Meere fliegen, vor riesigen Bäumen endlos meditieren,... Nichts ist größer als der Raum, nichts vertrauter als der Platz unter der Sonne, solange sie ihn nicht zu Glas geschmolzen hat.

Schade um die Welt! Das neue Wissen, es mag kommen.

BIBLIOGRAPHIE

zu Michel Serres

von Reinhold Clausjürgens

Primärliteratur

1961 – 1965

Descartes et Leibniz dans les deux manières de penser le réel et la science, in: Critique, 164 (1961), 50–75.

Géometrie de la folie, in: Mercure de France, 345 (1962), 682–696; 346 (1962), 63–81.

La querelle des anciens et des modernes en mathématiques, in: Critique, 198 (1963), 977–1007.

Un modèle mathématique du cogito, in: Revue Philosophique de la France et de l'étranger, 90 (1965), 197–205.

1966 – 1970

Don Juan au palais des merveilles – Sur les statues au XVIIe siècle, in: Les études Philosophiques, 21 (1966), 385–390.

Le troisième homme ou le tiers exclu, in: Les études Philosophiques, 21 (1966), 463–469.

établissement, par nombres et figures, de l'harmonie pré-établie, in: Revue Internationale de Philosophie, 20 (1966), 216–227.

Pénélope ou d'un graphe théorique, in: Revue Philosophique de la France et de l'étranger, 91 (1966), 41–51.

Les anamnèses mathématiques, in: Archives Internationales d'Histoire des Sciences, 20 (1967), 3–38.

Les métaphores de la cendre ou introduction – la féerie expérimentale, in: Critique, 246 (1967), 906–911.

Le retour de la nef, in: Les études Philosophiques, 22 (1967), 251–264.

Analyse symbolique et méthode structurale, in: Revue Philosophique de la France et de l'étranger, 92 (1967), 437–452.

Hermes I. La communication, Paris 1968.

Le système de Leibniz et ses modèles mathématiques, 2 vol., Paris 1968.

De l'art combinatoire, in: Leibniz 1646–1716. Aspects de l'homme et de l'oeuvre, Paris 1968, 119–130.

Information et sensation, in: Akten des XIV. Internationalen Kongresses für Philosophie, Wien, 2.-9. September 1968, Wien 1968, 548–552.

Le messager, in: Bulletin de la Société Française de Philosophie, 62 (1968), 33–69.

Le tricorne et l'amour sorcier, in: Critique, 248 (1968), 57–69.

Le don de Don Juan ou la naissance de la comédie, in: Critique, 250 (1968), 251–263.

L'évidence, la vision et le tact, in: Les études Philosophiques 23 (1968), 191–195.

Un tricentenaires: Problèmes du »De Arte Combinatoria«, 1666, in: Akten des Internationalen Leibniz-Kongresses, Hannover, 14. –19. November 1966, Bd. III: Erkenntnislehre, Logik, Sprachphilosophie, Editionsberichte, Wiesbaden 1969, 133–145.

Musique et bruit de fond, in: Critique, 261 (1969), 140–151.

Un voyage au bout de la nuit, in: Critique, 263 (1969), 291–303.

La réforme et les sept péchés, in: L'Arc, 42 (1970), 14–28 (rep. in: Centre Culturel de Cerisy-la-Salle, éd., Bachelard, Paris 1974, 68–85).

Oedipe messager: Troisième voyage, in: Critique, 272 (1970), 3–24.

Les bijoux distraits ou la cantatrice sauve, in: Critique, 277 (1970), 485–497.

1971 – 1975

Ce que Thalès a vu au pied des pyramides, in: Hommage ... J. Hyppolite, Paris 1971, 1–20.

La diagonale chez Platon: Sur la méthode des dichotomies, in: Congrès International d'Histoire des Sciences. Actes du XIIe Congrès, Paris 1968, Tome IV: Histoire des mathématiques et de la mécanique, Paris 1971, 147.

Ce qui est écrit dans le code. I: Les métamorphoses de l'arbre, in: Critique, 289 (1971), 483–507.

Ce qui est écrit dans le code. II: Vie, information, deuxième principe, in: Critique, 290 (1971), 579–606.

Hermes II. L'interférence, Paris 1972.

Le scientisme et le doute, in: Après-Demain, 145 (1972), 3–4.

»Discussion«, in: Bulletin de la Société Française de Philosophie, 66 (1972), 1–35.

La thanatocratie, in: Critique, 298 (1972), 199–227.

L'entrepôt et la chaudière, in: Critique, 299 (1972), 345–353.

Les pensées d'un provincial: Georges de la Tour, in: Critique, 302 (1972), 643–668.

Sur le cercle cartésien, in: Revue Philosophique de la France et de l'étranger, 97 (1972), 311–314.

Leibniz, in: Belaval, Yvon (éd.), Histoire de la philosophie, Vol. II, Paris 1973, 537–597.

Christ noir, in: Critique, 308 (1973), 3–25.

Requiem pour deux statues, in: Critique, 312 (1973), 480–481.

Histoire des sciences et histoire de la philosophie au XIXe siècle, in: Revue de l'Université de Bruxelles, 25 (1973), 433–444.

»Debat«, in: Revue de l'Université de Bruxelles, 25 (1973), 358–372; 411–432; 445–446; 457–476.

Hermes III. La traduction, Paris 1974.

Jouvences. Sur Jules Vernes, Paris 1974.

Auguste Comte et le positivisme. Les sciences exactes, in: Belaval, Yvon (éd.), Histoire de la philosophie, Vol. III, Paris 1974, 151–180.

Les sciences, in: Faire de l'Histoire, t. 2, Paris 1974, 203–228.

Histoire des sciences et histoire de la philosophie au XIXe, in: Perelman, Chaim (éd.), Philosophie et méthode, Actes du Colloque de Bruxelles, Bruxelles 1974, 178.

L'eau solide – Le jeu du loup, in: Barrocco, 6 (1974), 21–35. (rep. in: Savoir, Faire, Espérer: Les Limites de la Raison, Bruxelles 1976, 229–247).

Pont Jérôme, in: Critique, 325 (1974), 580–591.

Michelet, la soupe, in: Revue d'Histoire Littéraire de la France, 74 (1974), 787–802.

Esthétiques. Sur Carpaccio. Paris 1975 (dt.: Carpaccio. Ästhetische Zugänge, Reinbek b. Hamburg 1981).

Feux et signaux de brume: Zola, Paris 1975.

Introduction, in: Comte, Auguste, Philosophie première. Cours de philosophie positive, Leçons 1–45, Paris 1975, 1–19.

C'était avant l'Exposition (Universelle) / Es war vor der (Welt-)Ausstellung, in: Szeemann, Harald / Clair, Jean (éd.), Les Machines Célibataires, Venedig 1975, 64–74.

Laplace et le romantisme, in: Viallaneix, Paul (éd.), Le pré-romantisme: hypothèque ou hypothèse? Colloque de Clermond-Ferrand 1972, Paris 1975, 319–325.

Le retour éternel, in: Annales, E.S.C., 30 (1975), 999–1006.

Discours et parcours, in: Critique, 335 (1975), 365–378 (rep. in: Séminaire dirigé par Claude Lévi-Strauss, L'identité, Paris 1977, 25–39) (dt.: Mythischer Diskurs und erfahrener Weg, in: Benoist, Jean-Marie (éd.), Identität. Ein interdisziplinäres Seminar unter Leitung von Claude Lévi-Strauss, Stuttgart 1980, 22–47).

Autour de Boltzmann, in: Critique, 339–340 (1975), 964–979.

1976 – 1980

Estime, in: Grisoni, Dominique (éd.), Politiques de la philosophie, Paris 1976, 99–120.

Le point de vue de la bio-physique, in: Critique, 346 (1976), 265–277.

Analyse spectrale: Barbey d'Aurevilly, in: Critique, 349–350 (1976), 557–598.

Gels. Paris 1977.

Hermes IV. La distribution, Paris 1977.

La naissance de la physique dans le texte de Lucrèce. Fleuves et turbulences, Paris 1977.

Le modèle, in: Halpérin, Jean/ Levitte, Georges (éd.), Le modèle de l'Occident. XVIIe Colloque d'intellectuels juifs de langue française, Paris 1977, 9–15.

Tintin ou le picaresque aujourd'hui, in: Critique, 358 (1977), 197–207.

Le savoir, la guerre et le sacrifice, in: Critique, 367 (1977), 1067–1077.

Corruption, in: Minuit, 22 (1977), 2–23.

Espaces et temps, in: écrits pour Vladimir Jankélévitch, Paris 1978, 137–153.

L'univers et le lieu, in: L'Arc, 72 (1978), 62–66.

Le tigre et le pou, in: Critique, 375–376 (1978), 730–741.

Origine de la géométrie, in: Diacritics, 8 (1978), 24–30.

Exact and human, in: Sub-Stance, 21 (1978), 9–19.

Hermes V. Passage du Nord-Ouest, Paris 1980.

Le parasite, Paris 1980 (dt.: Der Parasit, Frankfurt/M. 1981).

1981 – 1985

Préface, in: Fremont, Christiane, L'être et la relation avec trente-cinq lettres de Leibniz au R. P. Des Brosses, Paris 1981, 7–9.

Noise, in: Le Débat. Histoire, Politique, Société, 15 (1981), 94–101 (dt.: Geschrey, in: Hombach, Dieter (ed.), ZETA/01 Zukunft als Gegenwart, Berlin 1982, 19–33).

Entretien avec Jean-Claude Guillebaud, in: Le Monde, 10. 5. 1981 (dt.: Gespräch mit Jean-Claude Guillebaud, in: Engelmann, Peter (éd.), Philosophien, Graz/Köln/Wien 1985, 156–174).

Bouteilles ... la mer, in: Tumult, 3 (1981), 28.

Genèse, Paris 1982.

L'homme est un loup pour l'homme, in: Deguy, Michel/Dupuy, Jean-Pierre, René Girard et la problème du mal, Paris 1982, 301–309.

Détachement. Apologue, Paris 1983 (dt.: Ablösung. Eine Lehrfabel, München 1988).

Rome, le livre des fondations, Paris 1983 (dt.: Rom, in: Tumult, 7, 1983, 83–87).

Die Seele und die Tätowierung, in: Kamper, Dietmar / Wulf, Christoph (éd.), Das Schwinden der Sinne, Frankfurt/M. 1984, 329–343.

Philosophie des corps mêlés. I: Les cinq sens, Paris 1985.

Michel Serres, philosophe pa‹en, propos recueillis par Catherine Clément, in: Magazine Littéraire, 224 (1985), 96–110.

Philosophie et sciences, in: Magazine Littéraire, 225 (1985), 46.

Sekundärliteratur

Ricoeur, Fr., C-R de »Le système de Leibniz…«, in: L'Age de la Science, 3 (1969), 145–166.

Viallaneix, N., Kierkegaard, lecteur de Leibniz, in: Critique, 269 (1969), 895–914.

Grisard, J., C-R de »Le système de Leibniz…«, in: Revue de Synthèse, 91 (1970), 129–130.

Hofmann, J. E., C-R de »Le système de Leibniz…«, in: Philosophische Rundschau, 17 (1970), 144–145.

Parkinson, G. H. R., C-R de »Le système de Leibniz…«, in: Journal of the History of Philosophy, 8 (1970), 105–107.

Robinet, A., C-R de »Le système de Leibniz…«, in: Studia Leibnitiana, 2 (1970), 63–67.

Sinaceur, Mohammed-Allal, Systématicité Leibnizienne, in: Critique, 278 (1970), 626–639.

Lannoy, J., C-R de »Le système de Leibniz ...«, in: Tijdschrift voor Filosofie, 33 (1971), 588–590.

Sebestik, J., Les modèles mathématiques de l'harmonie universelle, in: Les études Philosophiques, 26 (1971), 225–232.

Parrini, C-R de »Le système de Leibniz ...«, in: Rivista Critica di Storia della Filosofia, 27 (1972), 351–353.

Robert, Jean-Dominique, Analyse »structurale« et analyse »symbolique«. Quelques aperçus capitaux d'un livre récent sur la »communication«. C-R de »Hermès I. La communication«, in: Revue Philosophique de Louvain, 70 (1972), 465–479.

Grinevald, J., C-R de »Hermès I–II«, in: Réseaux, 20/21 (1973), 121–122.

Friedmann, Georges, Leibniz et Spinoza, Paris 31975.

Green, A., Le nouveau malaise dans la civilisation, in: Critique, 348 (1976), 473–497.

Champagne, Roland A., Prometheus measuring the universe: Michel Serres' semiotic-reading model in the wake of structuralism, in: Semiotic Scene, 1 (1977), 39–48.

D. G., L'ordre du desordre, in: Magazine Littéraire, 127–128 (1977), 43.

Moreau, P.-F., Dix ans après, ou les mystères de la science, in: Magazine Littéraire, 127–128 (1977), 42–45.

Rosset, C., L'autre matérialisme, in: Critique, 371 (1978), 347–351.

Bibliographie des travaux de Michel Serres, in: Critique, 380 (1979), 121–125.

Debray, Régis, L'art du feu, in: Critique, 380 (1979), 16–19.

Descombes, Vincent, Le même et l'autre. Quarante-cinq ans de philosophie française (1933–1978), Paris 1979.

Felman, Shoshana, De la nature des choses ou de l'écart – l'équilibre, in: Critique, 380 (1979), 3–15.

Frémont, Christiane, Michel Serres ou l'art d'inventer, in: Critique, 380 (1979), 56–71.

Girard, René, Rite, travail, science, in: Critique, 380 (1979), 20–34.

Mouchord, Claude, Serres ho physikos, in: Critique, 380 (1979), 113–120.

Nef, Frédéric, La langue universelle et les langues: Leibniz biface?, in: Critique, 387/388 (1979), 736–751.

Pachet, Pierre, Le paradoxe de la malle-poste, in: Critique, 380 (1979), 72–79.

Pierssens, Michel, Le souffle de mille ouragans, in: Critique, 380 (1979), 102–112.

Rabaut, Christiane, Ecce, in: Critique, 380 (1979), 80–97.

Prigogine, Ilya / Stengers, Isabelle / Pahaut, Serge, La dynamique, de Leibniz – Lucrèce, in: Critique, 380 (1979), 35–55.

Reix, A., C-R de »La naissance de la physique ...«, in: Revue Philosophique de Louvain, 77 (1979), 99–100.

Rochette, Ph., Inter-dire ..., in: Revue des Sciences Religieuses, 53 (1979), 234–244.

Rosmorduc, J., C-R de »La naissance de la physique...«, in: Revue d'Histoire des Sciences et de leurs Applications, 32 (1979), 174–176.

Sinaceur, Mohammed-Allal, Métaphore et commencement, in: Critique, 380 (1979), 98–101.

Villani, Arnaud, La modernité dans la pensée philosophique française I: Gilbert Simondou, Michel Serres, Jean Baudrillard, in: Revue de l'Enseignement Philosophique, 30 (1979), 26–53.

Bouchindhomme, Christian, Signé: Hermes, in: Cahiers de Philosophie, 4 (1980), 75–100.

Foubet, F., C-R de »Le parasite«, in: Cahiers de Philosophie, 4 (1980), 133–137.

Vegetti, M., Lucrezio e il »materialismo pacificato«, in: Aut Aut, 186 (1981), 128–133.

Philipson, H., C-R de »Hermes V«, in: Cahiers de Philosophie, 5 (1981), 141–144.

Lyons, John D., C-R de »The Parasite«, in: Philosophy and Literature, 7 (1983), 264–265.

Delooz, Thierry, Michel Foucault et Michel Serres. L'archéologue et le physicien, in: Philosophie, 9 (1983), 97–102.

Armengaud, Françoise, Michel Serres, in: Dictionnaire des philosophes, Paris 1984, 2364–2366.

Largeault, J., C-R de »Genèse«, in: Revue Philosophique de la France et de l'étranger, 109 (1984), 121–122.

Saint-Sernin, Bertrand, Michel Serres – mi-parcours, in: études, 360 (1984), 369–384.